Pearson 英国培生酒店管理教育经典

四川旅游学院希尔顿酒店管理学院核心课程教材

顾客服务管理

CUSTOMER SERVICE

（美） 伊莱恩·哈里斯（Elaine K.Harris） / 著

曲波　高坤　姜程　潘涛 / 译

广东旅游出版社
GUANGDONG TRAVEL & TOURISM PRESS

悦读书·悦旅行·悦享人生

中国·广州

广东省版权局著作权合同登记号：图字 19-2020-024 号

丛书编委会

主　任： 卢　一　　钱　进

副主任： 王晓蓉　白　洁　陈云川

委　员：（按姓氏笔画排序）

王有成　　田芙蓉　　白秀成　　毕斗斗

刘　博　　刘　雷　　李　力　　李　丽

李践尧　　李　智　　杨　韫　　张　添

袁新宇　　郭小舟　　黄　昕　　梁爱华

曾国军　　谢礼姗　　Bill Fisher

总　编： 李　力　　袁新宇

丛书总序

　　我国高等教育酒店管理专业建设与发展中的问题很多，其中核心专业课程体系设计是重点，核心课程的教学内容及相应的教材选择是重中之重。尽管国内常有一些酒店管理专业系列教材出版，但基于我国酒店管理专业教学与教材建设的实际情况，仍有亟待解决的一些问题。

　　令人欣慰的是，虽然目前国内有学者对应用型大学这一称呼也有微辞，但以四川旅游学院希尔顿酒店管理学院为代表的国内一批应用型大学酒店管理专业在教学改革及教材建设方面的一些探索是积极而有益的。《四川旅游学院希尔顿酒店管理学院核心课程教材》是由四川旅游学院与英国培生教育出版集团、广东旅游出版社合作策划、编译出版的。结合这套教材的策划与组织，就酒店管理专业大学学位教育核心课程体系设计与核心专业课程的教学内容及这套教材的特点，有几个问题，我想说在前面。

（一）

　　从酒店管理专业教育产生的历史来看，该专业领域的大学教育起源于酒店从业人员的岗位培训，也来自酒店部门管理人员职业培训的需要。今天，无论是现代酒店服务业和酒店管理专业教育都发生了巨大变化，高校酒店管理专业核心课程体系的设计要反映这一现实。

　　自20世纪初开始，随着酒店业的发展，在酒店规模不断扩大及酒店部门管理职业化的过程中，欧洲和英美等国家的酒店管理教育，先是集中于工作岗位服务人员的岗位培训，之后，有了以管理岗位培训为基础的职业教育；在英国，这形成了以基于工作的学习方式（work-based learning）为主要教学内容与过程的国家标准与大学学院（College）相结合的高等职业教育国家证书制度（National Diploma）。20世纪50年代左右，在英美一些大学相继开设酒店管理专业之后，职业教育与专业教育相结合，以酒店部门管理（department management）为主要教学内容的专业教学成为大学学位教育（Degree）的基础，其主要特征是管理学在酒店（hotel）管理部门领域的应用。

我国最早的以浙江大学（原杭州大学）吕建中教授为主编译的从美国引进的酒店管理核心课程教材，就是以酒店部门管理为主要教学内容的专业系列课程教材，它对我国早期的旅游管理专业建设及酒店管理核心课程的教学产生了积极而深远的影响。但是，今天看来，随着酒店管理理论与实践的发展，大学的学位教育继续沿用这一体系，面临许多问题：

首先，近20年来，酒店产业发生了深刻的变化。大学酒店管理教育由原来的以酒店（hotel）部门管理为主的教学内容，转向以住宿（包括酒店）、饮食、消遣娱乐与活动产业等更广泛的、综合性个人消费服务产业的教学与研究。自20世纪90年代末期开始，国际上几乎所有大学专业系或学院的名称均陆续以"Hospitality"代替"Hotel"，反映了这一行业及学位教育深刻变化的现实。酒店管理专业的核心课程体系设计及课程内容，再仅以酒店部门管理内容为主，是无法适应行业发展的实际情况和人才培养的需要的。

其次，应用型大学的酒店管理专业教育要与职业教育相结合，但它毕竟是学位教育。因此，以酒店前厅、餐饮和客房等部门管理为主体的课程体系，难以形成自身的、以特殊的研究现象为基础的科学的学科概念与理论框架。当然，这也不是说酒店管理专业的某一门课程就能够全部承担这一任务，但酒店管理专业的核心课程体系，既来自实践，也必须反映学科建设的规律，必须适应大学学位教育的要求，这是应有之义。

应该说明的是，应用型大学酒店管理专业的发展要鼓励跨学科、跨专业的合作，要走校企合作、产教融合、国际合作与发展之路。因此，大学酒店管理专业教育，一方面必须结合国际著名酒店集团企业成功的管理实践与人才培养经验，另一方面在酒店管理人才培养的过程中，如果仅仅用酒店企业的标准或学生的酒店管理实习来代替学位教育的过程也是不合适的，一定会影响大学酒店管理专业学科建设的水平，也难以适应整个社会对专业人才培养的要求。

显然，酒店管理专业课程体系设计，要将专业学科的基础、人才培养的目标与大学自身不同的教育资源及内外部支持条件有机结合。酒店管理核心课程体系的主要内容要在反映酒店产业发展实际的基础上，以学位教育标准为主，兼顾国际行业及企业的标准，形成独特的学科及专业的知识要求与课程体系。

（二）

毋庸讳言，目前我国酒店管理专业的建设与发展并不平衡。在高等教育中，研究型大学酒店管理专业的建设与教学，无论老师和学生，其实都处于尴尬的境地。这与该专业的学科定位和学科建设水平有关，也与我国长期以来旅游学科发展的历史及现实有关。与此相比，随着我国高等教育发展战略的变化与高等教育的改革，我国应用型大学酒店管理专业教育日益呈现出积极的发展势态。本套教材的体系，就是以我国应用型大学的酒店管理专业核心课程体系设计的要求为基础的。

从本质上说，应用型本科大学酒店管理专业学科建设的基础是工商管理。也就是说酒店管理专业的学位教育的基础课程要以管理学科为基础，专业基础课程要能回答现代酒店产业发展理论与实践的最新成果，而核心专业课程的教学内容必须反映现代酒店运营与管理所需要的知识结构及相应的专业素质及能力培养要求。与此相适应，应用型大学酒店管理专业课程体系设计及教学内容，要能涵盖现代酒店企业生产、技术、服务、企业运作与管理等涉及酒店商业管理的主要过程。这要求将其学位教育的标准要与国家职业教育的标准以及国际著名酒店管理企业的标准相结合，这是人才培养的规模、层次与需求决定的。而研究型大学该专业教学与研究领域的方向主要是基于学科建设与研究的需要，例如，接待服务的教学与研究，除了商业管理问题之外，还会更多地关注款待服务交换过程中的个人与社会发展的其他相关问题，其研究方法除了经济学及商业研究的方法之外，还会更多地应用社会学、人类学及跨文化研究的方法，为此，任重而道远。

实现上述要求，目前国内许多高校仍有许多困难或不足：一是学科专业发展的定位不清楚，一些"转型"大学事实上无论转为学位教育或转为职业教育都面临发展的瓶颈；二是专业教学的基础薄弱，一些高校较少或者根本不具备相应的专业课程教学的资源与能力，无法实施像烹饪艺术、专业餐饮服务技术、酒店运营管理实务、顾客服务管理等核心课程的教学；三是师资不足，不具备专业建设与发展的基础。例如一些高校只有少数，甚至是没有相应管理学位及酒店管理专业教学经验的教师在讲授酒店管理核心专业课程。这也是我国高校人才培养质量不高，不能获得酒店业内或国际著名教育机构认可的主要原因。从专业发展的角度，随着国内酒店管理国际化水平的不断提高，应用型大学与国际酒店行业及企业的深入合作至关重要，合作的基础应该由企业的用人需要逐步转化成核心课程体系特别是核心实践课程体系的共同设计、人才培养过程的全方位合作以及制度化的专业建设与教学的合作交流等，这也是四川旅游学院与希尔顿集团独特的整建制、一体化合作建设四川旅游学院希尔顿酒店管理学院所达成的共识与目标。

在应用型大学酒店管理专业课程体系设计过程中，教学与实践的关系，学位教育与职业教育的关系一直是无法回避的问题。大学学位教育的过程显然是以理论教学为主的过程，但认为实践教学仅仅是方法也有失偏颇。因为知识来自理论，也来自实践。就某些专业教育来说，如学生在医学或工学等实践中的学习过程，仍然是非常重要的。应该引起重视的是，酒店管理专业的高等教育实践教学不应当仅仅归为学生实习，为此，要借鉴国际著名酒店管理企业的国际化人才培养经验，结合职业教育的国际或国家标准，通过设置核心实践课程体系及教学来培养学生专业能力及素质问题。目前，在我国尚无可持续的与学位教育相结合的职业教育等级标准的情况下，课程体系设计可以考虑借鉴国际的与学位教育相结合职业教育等级标准的要求，这也是本套教材编译选择的标准及特色。同时，本套教材涉及的实践课程教学，需要有与其相适应的开放与实际运营的实践教学环境，并采用基于工作的学习方式的教学方法实施教学过程。为此，具体教学内容的组织，理论教学与实践教学的比例，教学的实践环境及设施设备条件的"真实性"，具有重要意义。

另外，目前我国现行的高等教育旅游管理类专业的课程设置指导或规范要求也是应用型大学酒店管理课程体系设计不得不考虑的重要因素。与欧美等国家酒店管理专业几乎一枝独秀不同，我国酒店管理专业的学科与专业建设一直是旅游管理专业的附属部分，甚至没有相对独立的专业基础课程。需要注意的是，一个专业的建设既与这个专业的学科发展要求及人才需求取向有关，也意味着一个专业过多地承载相关的学科内容是有困难的。例如，"会展经济与管理""旅游管理与服务教育""烹饪营养与教育"等，前者涉及两个学科，后两者实际上涉及了三个不同的学科领域，这为专业教学与学生培养带来许多问题和困惑。我们承认就一个专业来说，特别是旅游与酒店管理类专业有学科交叉问题，但通过并行的或附属的专业设置来解决交叉学科的专业设置问题，可能不利于专业教学与学科的发展。特别是在"大旅游"的宏大学科背景下，我国高校酒店管理专业有被边缘化的危险，尽管学术界一直为此争论不休。基于此，本套丛书试图结合目前我国旅游与酒店管理专业设置的实际情况和四川旅游学院酒店管理专业建设改革内容，将酒店管理专业的专业基础课程集中于住宿与餐饮业管理两个核心领域，以其抛砖引玉，主要课程包括"国际接待服务业概论""餐饮服务组织""住宿管理基础"等。

作为四川旅游学院希尔顿酒店管理学院核心专业课程教材，本套丛书是在英国培生教育与出版集团近年来出版的众多酒店管理经典教材中选择的，其选择编译的核心要求是以现代酒店业生产与管理过程需要的知识结构为基础，将学位教育标准与国际职业教育标准相结合；将酒店管理独特的专业能力与职业素质要求相结合，并也能使该体系成为大学学位教育所要求的综合与创新型人才培养的一部分。同时，该套教材也反映了四川旅游学院希尔顿酒店管理学院人才培养模式及课程体系的主要特色，即基于培养国际酒店商业管理领导人才的目标，以学生未来个人职业发展为中心的结构型人才培养方案为基础，以形成人才培养目标与教学目标相结合的酒店管理核心课程体系及相应的核心课程的教学内容，这也是该套教材值得在国内推广及使用的价值所在。

（三）

为适应应用型大学教学的需要，该套系列教材集中了国际酒店管理教育的最新成果，也能反映以商业管理学科为基础的应用型大学酒店管理专业课程体系设计的要求及教学内容的特色，例如，本套教材多数是英国大学教育与国家高等职业教育证书（HND）的推荐教材；同时，这一体系也是目前四川旅游学院希尔顿酒店管理学院人才培养方案关于专业基础课程、核心专业实践课程、核心专业运营与管理课程体系设计要求及主要教学内容的集中体现。

本套丛书在体系构建与内容的关系上包括以下一些特点。

第一部分：因为国内有相对成熟的旅游学概论的相关教材，所以本套丛书选择了《国际接待服务业概论》《餐饮服务组织》《住宿服务管理基础》三本教材作为专业基础课程教材。其中，《国际接待服务业概论》是美国著名学者 John R. Walker 的著作，他在这一领域著述颇丰，这本选用的教材是该书的第七版。它以接待服务（Hospitality）这一特殊的研究现象及管理科学的理论为基础，通过大量的第一手资料，以实证研究的方法，在宏观上，集中阐述了接待服务业所包含的酒店与住宿、餐饮服务、闲暇娱乐以及会展与活动等产业发展和管理的广泛内容。该教材能帮助学生以全新的视野来重新看待接待服务业这个世界上最大的产业，并可以通晓这一产业未来发展所需要的知识结构，以及学生个人未来在该产业的职业发展路径和应承担的领导角色。

从整个产业发展的角度，国际酒店商业管理所涉及的教学与研究的主要领域是住宿业与餐饮业。作为本套丛书的特别之处，丛书选择了《餐饮服务组织》作为酒店管理专业的专业基础课程教材之一。它从宏观的角度，运用系统管理的方法，将整个餐饮服务业作为一个系统，分析如何最佳地将人力、材料、设备及运营等相关要素的投入转化为餐食、顾客满意度、员工效率与质量的输出，其内容涵盖了餐饮服务组织（商业餐饮与社会公共餐饮）运营管理系统包括的餐饮采购、生产、流通、服务、安全及卫生等运营管理的基础知识，同时，它还集中阐述了对餐饮服务组织系统控制及对管理者有重大作用的管理原则、领导能力、交流沟通及资源配置等管理与技术的相关问题。

第二部分：核心专业实践课程的设计是四川旅游学院希尔顿酒店管理学院课程体系设计的主要特色之一。核心实践课程的主要教学内容是国际酒店管理理论与以希尔顿为代表的国际酒店管理实践的有机结合；其教学过程是通过基于工作的过程的学习方式，要求在学院能够提供真实的生产与运营环境进行教学。本套教材选用的《烹饪艺术》《专业餐饮服务技术》《顾客服务管理》等涉及了现代酒店生产、技术、服务与管理的理论和实践的主要方面。《烹饪艺术》阐述了对餐饮设施设备设计、生产准备、烹饪与烘培技术及餐饮产品服务和消费过程的知识与实际操作能力的要求，其中，专业烹饪与专业烘培两个领域是酒店管理专业技术与管理的核心内容；《专业餐饮服务技术》则是从专业服务者服务的角度，以专业服务者素质与能力要求为基础，使学生系统掌握专业餐饮服务的服务礼仪、服务技术与服务沟通的工作和实践的基础知识。

特别需要指出的是，接待服务业运营管理的核心理论及知识结构集中在接待服务中的人（people）、产品（products）和商业与社会环境（place）的有机结合上。本套涉及核心专业实践课程的教材，都不是从传统的酒店部门管理角度出发，而是以餐饮与住宿活动管理对学生专业能力及素质的要求出发的。为此，教材在系统介绍了酒店业生产、技术、服务与管理系统的知识的基础上，特别强调了对学生在酒店生产与服务职业能力提升训练的内容。在四川旅游学院希尔顿酒店管理学院，上述核心实践课程的教材是与希尔顿集团职业培训项目的国际标准配合使用的，其课程设置、教学目标、课程进度计划、教学方式及教学内容均充分结合了四川旅游学院与希尔顿集团的全方位合作要求的人才培养及国际酒店管理实践的特色。

第三部分：根据酒店管理专业教学中运营（operations）与管理（management）分开的设计要求，基于企业运营管理的基础理论，酒店运营管理课程的教学内容也与传统的一般的管理理论在酒店部门管理中的运用有所不同。例如，《住宿运营管理》始于酒店管理的一般要求，从分析酒店顾客、员工与产品供应的关系入手，论述如何提高员工的工作能力与表现，通过成本与收益管理增加酒店收入，以及如何不断提高酒店生产能力，解决酒店顾客服务与质量管理中的主要问题，最终实现酒店运营管理的目标。与此相对应，《酒水商业管理》教材涉及了学生未来在其他相对独立酒店管理专业领域，诸如酒吧与俱乐部、闲暇与娱乐活动运营管理活动应掌握的理论和知识。应该说明，这些相对独立的专业活动领域也是现代酒店（hotel）管理中日益重要的组成部分。

显然，这些专业教材的选择除了反映现代酒店运营专业领域的发展与不断扩大的趋势之外，酒店管理核心专业运营的管理课程设置及教学内容，则更多地是从学生未来专业发展和职业选择的角度出发的。例如，本套丛书选择的《餐馆管理》教材，可以使学生通晓一个餐馆从规划开业、员工招聘培训与管理、菜单设计、餐饮生产准备、食品质量、餐饮服务、成本控制到设施设备管理活动的整个运营过程。其内容基于餐馆企业整体运作的规律，使学生掌握作为一个餐馆所有者或职业管理者应具备的专业背景与素质要求及相应的理论与实践的知识结构。

第四部分：在酒店运营管理课程的基础上，四川旅游学院希尔顿酒店管理学院核心专业管理课程，主要是基于管理科学在酒店专业职能管理领域的应用。鉴于酒店企业的规模与代表性，本套涉及酒店核心专业职能管理的教材选择了大家熟知的《酒店业人力资源战略管理》《酒店业组织行为》《酒店与旅游业市场营销》《顾客服务管理》等。这些核心专业管理理论课程一直是国内大学酒店管理专业课程中最重要的组成部分。其中，《酒店业组织行为》与《顾客服务管理》课程是首次作为核心运营管理课程开设。而我们选择这两本教材的特色在于：这两本教材都突破了传统的人力资源管理与酒店服务管理方面课程的教学内容，并赋予这一专业领域新的概念与理论构架，它可以期待学生未来职业生涯中，从新的专业目标和专业方向领域的视角，形成分析与解决酒店管理实际问题的专业能力。

最后，我们知道，借这套教材，说清楚我国应用型大学酒店管理专业课程体系设计的要求和教学内容及其相互关系是困难的。且这套编译教材也是"借花献佛"，但其重要的价值也许是它结合了四川旅游学院希尔顿酒店管理学院教学改革的实践与思考。而我们更多的是希望国内大学酒店管理专业的师生能共享国际酒店管理教育一些成熟的经验与成果；我们期待抛砖引玉，跟各位同行一起，能为我国大学酒店管理专业的建设与发展贡献一份力量。

应该说明，这样一套教材的策划、编译及出版，是一个庞大的系统工作。四川旅游学院领导的境界与大力支持，老师们教学改革的决心与努力，编译者的辛苦付出，都可想而知。

最后，感谢广东旅游出版社的合作与持续的努力。这套丛书无论在书目选编还是在内容的编译上，一定有许多缺点或瑕疵，我们真诚地希望国内的同行和读者不惜赐教，批评指正。

李力

于成都

2018 年 6 月

译者序

《顾客服务管理》一书，是四川旅游学院希尔顿酒店管理学院核心专业管理课程教材之一。该书原作者为伊莱恩·哈里斯（Elaine K. Harris），她长期专注于顾客服务与管理领域的理论与实践研究。该书为第六版，是顾客服务管理领域的领导性与经典性著作之一。

本书在理论与实践层面，系统分析了顾客服务与管理的主要内容，并提供了创造卓越顾客服务一系列行之有效的方法。该书原版共十一章内容（不包括术语汇编和总结篇章），包括了什么是顾客服务、顾客服务的挑战、解决顾客服务问题、顾客服务战略规划、顾客服务中的授权、顾客服务中的沟通、应对有挑战性的顾客、顾客服务中的激励、顾客服务中的领导力、顾客维系与满意度评估、科技与顾客服务管理等。在原著基础上，结合学习者需求与目标，译者添加了两个主题，顾客服务质量与服务系统设计与质量评价。使得本书作为酒店业运营管理的一部分，结构体系更为完整。

整体而言，该书理论学习与实践紧密结合，在注重理论阐述的基础上，聚焦于服务领域的问题解决、沟通策略与技术，提供了提高和维持顾客满意度和业务关系所需的各种技能，涉及了广泛的顾客服务管理知识的应用领域。同时，本书的体例安排上，为学习者提供了丰富的学习练习活动，例如每章开篇，均清晰列出"学习目标"，帮助学学生快速掌握本章学习要点；每章结尾，均汇总该章"关键词汇"，并列出"复习讨论题"，帮助学生总结反思与提升。

参加本书编译的作者有：华南理工大学经济与贸易学院的曲波（第1—6章）、潘涛（第7章），四川旅游学院希尔顿酒店管理学院的姜程（第8—10章）、高坤（第11—13章），最后华南理工大学李力教授负责了全书的统稿及部分章节的修改工作。

译者
2019 年 6 月

目　　录

第1章　什么是顾客服务

学习目标 / Learning Objectives

1. 什么是顾客服务?

2. 理解顾客期望与顾客感知的差异。

3. 列举顾客服务的例子。

4. 识别顾客的五种需求。

5. 理解外部顾客和内部顾客的差异。

6. 区别顾客特征。

7. 理解流失顾客的高成本含义。

1.1　顾客服务的重要性

　　企业最有效、最低成本的市场营销往往是通过优质的顾客服务实现的。顾客满意是企业生意的目标，顾客服务在任何时候都至关重要。企业必须意识到在今天的竞争环境下，单单提供产品或服务都不足以获得竞争优势。

　　相比于以往，现在顾客的需求更加复杂与多元化。顾客会被告知产品如何操作，并且他们知道，如果对得到的服务不满意，会有其他企业愿意提供更优质的服务。顾客期望在受到不满意的服务时，企业能够给予积极、及时的反馈。

　　顾客服务是一个永恒的话题，人们经常谈论它的重要性，并希望获得优质服务。换句话说，为顾客提供优质服务是企业生意的重要组成部分。优质服务对于吸引回头客至关重要，并能为企业节省时间与金钱。

　　对于服务提供者而言，为顾客提供优质服务的同时，会发现工作变得更加有意义与有趣，也会与他人建立更好的关系。

1.1.1　顾客服务的定义

　　虽然我们经常提到顾客服务及其重要性，但遗憾的是，并不是所有的服务提供者都确切清楚到底什么是顾客服务。通俗来说，顾客服务（customer service）是指我们为顾客做的任何有助于改善其体验的事情。顾客在接受服务时可能会有各种期待和想法，此时服务提供者必须及时捕捉顾客需求并准确提供其所需的服务。无论我们如何精准界定"顾客服务"的概念，我们都必须真正明白顾客需求所在。顾客满意是我们提供服务的目标。

　　顾客服务包括但不限于：

- 合适地称呼顾客。
- 让顾客感受到你对他的关怀与热情。
- 优质的服务跟进政策。
- 积极处理顾客投诉与疑问。
- 详细的使用说明。
- 提供更为质优价廉的建议。
- 顾客期望服务的便捷性。
- 便捷的返修政策。
- 租赁汽车服务的全球定位系统或地图更新。
- 看病后医生的回访。
- 及时的快递送达。
- 网站应用的便捷性与功能性。

1.1.2　顾客满意度

顾客满意度（customer satisfaction）是指顾客对于每一次服务接触的整体满足感，是其做出期望和实际感知的比较结果。满意感可以即刻做出，也可以经过一段时间后评价。顾客可能关注很多方面，我们的工作就是尽可能地降低顾客在服务接触过程中的不适感，为顾客创造愉快的服务体验，同时以我们的专业知识帮助客人解决问题。满意感可能是顾客在经历服务过程后，对服务做出的感知愉快与否的评价。

1.1.3　优质顾客服务

优质顾客服务的难点主要来自服务提供者或企业是否愿意花费金钱和采取行动兑现优质服务。通常来讲，企业总是强调顾客服务的重要性，而缺乏提供优质服务的能力与实际行动。仅仅具有愿意服务的态度是不够的，作为服务提供者，必须具备提供优质服务的技术与知识。

除了具备提供优质服务的技术以外，企业必须及时评估顾客服务水平，以便及时确认是否满足了顾客需求。不同顾客有不同需求，即便同一顾客在不同时间和不同环境下也有不同需求，如果企业的服务策略保持一成不变，很有可能不能满足变化的顾客及变化的竞争环境对优质服务的要求。因此，企业必须及时建立并根据环境变化调整战略，以满足顾客需求并实现顾客忠诚。

员工应该享有相应的授权，以便及时响应顾客需求。为此，企业应该认真选择适合的员工，及时给予培训，帮助他们预测顾客需求及应对变化的挑战。虽然优质服务不仅仅是态度问题，但态度问题是优质服务的基础。服务提供者在全力提供优质服务的同时，必须明白顾客真正关注的事情，哪怕是非常微小的细节。

我们生活在一个技术快速发展与变革的时代，必须将技术和信息结合起来提供优质服务。信息技术的发展与应用极大地推动了优质服务的发展步伐。作为服务提供者，必须及时理解顾客需求，并通过信息技术快速、准确地将信息传递给顾客。

提供优质顾客服务是一项长期任务，服务提供者必须时刻检查所提供的服务是否满足顾客需求与期望，并且注意积累优质服务技术与实践经验，从而持续、高效地提供优质服务。需要注意的是，顾客数量过多或服务提供者过于繁忙时，优质服务往往会被忽略。

企业必须定期对顾客满意度进行回访与调查。顾客不仅仅关注企业提供了哪些优质服务，同时更在意哪些服务需要改进。换句话说，企业不仅仅要知道自己哪里做得好，更需要知道哪里做得不够好。企业必须为顾客提供恰当的表达机会与渠道，每位顾客都会在意自己的体验，他们没有提意见，不代表没有意见，可能是因为不了解提意见的路径与方式。

　　一种提供优质服务行之有效的途径是，将我们自己看作顾客。当我们以顾客的视角看待问题，我们会更敏锐地发现如何成为更好的服务提供者。困扰我们的问题可能也正是困扰顾客的问题，不断从顾客视角审视我们提供的服务。我们可以写意见卡、投诉信，分享感受和体验，回答企业在现实中关注的问题。与其期待他人对这些问题做出客观真实的回答，不如我们自己先好好审视。

1.2　顾客服务需求

1.2.1　顾客属性

　　每一位顾客都是独特的。界定顾客属性需要企业清晰理解，到底"谁"是顾客。

　　顾客属性（customer attributes）是指以人口特征、消费心理特征，或者商务信息特征等依据进行的分类。企业倾向于根据某类顾客的属性提供有针对性的服务。

　　人口特征（demographic information）包括年龄、收入、婚姻状况、教育背景、家庭生命周期阶段、房产情况、性别、邮政编码、职业、家庭规模、流动方式、种族与宗教背景等。人口特征是界定顾客属性最直接和基础的依据。

　　消费心理特征（psychographic information）关注思维方式、生活方式、需求、动机、态度、相关群体、文化、社会地位、家庭影响、爱好、政治倾向等。消费心理特征相关信息可以为企业提供更加细致的顾客属性描述，例如，收入相同的人不一定有相似的消费模式，邻居不会因为住在你隔壁而和你一样爱护房屋或与你有相似的爱好。

　　商务信息特征（firmographic information）包括与顾客任职机构相关的信息，如公司人数、公司类型，是零售商或批发商，还是服务提供商以及营业时间等。由于越来越多的服务是基于企业背景提供的，而不仅仅是某位最终接受服务的消费者，因此考虑企业相关商务特征显得越来越重要。换句话说，要考虑顾客作为个体消费者和企业消费者进行消费时的区别。

1.2.2　顾客需求的分类

　　每位顾客都有不同需求与期望，尽管这些需求和期望因为各种原因不容易清晰界定，但通常来讲，顾客会有以下五种需求：

　　● 服务。通常来讲，顾客会期待所享受的服务与其付出的价格相符，即物有所值。相比于精心策划的大型交易，一次小型交易所接受的服务可能会少些。

　　● 价格。顾客越来越关注任何一件物品的购买成本，顾客和企业都希望尽可能提高财务资源效率。以往比较稀缺的产品，现在可能变得很普遍。比如顾客购买一个汉堡包，以前可能只能到特定的地方才可以购买，但现在则有了更多选择。因此，顾客可能会对价格越来越敏感。

● 质量。顾客希望他们购买的产品在功能性和持久性上都有保证，这都要求企业和销售者在产品性能上给予充分重视。通常的情况是，企业的品质声誉越好，顾客就不会过于价格敏感。

● 行动。当顾客服务出现问题时，顾客希望企业及时采取行动。很多企业设有免费服务电话和灵活的退货政策，这些都是顾客期望的在可能出现问题时的及时应对行动。必须理解顾客作为"人"的本质需求，即在出现困难或问题的时候需要被关注，并有人及时为其提供服务与帮助。

● 感谢。顾客需要感受到企业对其到来的感谢与理解，我们可以通过各种途径对顾客表达感谢之情。"谢谢您"是最直接的表达方式之一，不要吝啬通过语言表达对顾客的感谢。邮件、实时通信、折扣、忠诚计划等都是我们表达感恩的途径。我们一定要给顾客传递一个信息，就是我们感谢他们的到来！一家快餐店有这样一句话"我们知道您可以在任何地方进餐，非常感谢您的信任，选择我们！"

1.2.3 外部顾客和内部顾客

企业必须重视外部顾客和内部顾客，他们都为企业的发展做出贡献。外部顾客（external customer），即我们通常所说的在外面与企业做生意的客人，也是我们考虑最多的服务对象。我们会与顾客进行互动，并分享知识与积极态度。外部顾客对于提升企业声誉及吸引其他顾客具有重要影响，但除此之外，企业还包括另外一类顾客——内部顾客。

我们每天都会与企业的内部顾客（internal customer）——员工进行互动，但是他们的重要性却往往被忽略。内部顾客是贯穿组织、共同为外部顾客提供优质服务的所有同事。他们对于提供顾客期望的优质服务无疑是至关重要的。如果内部顾客不能相互尊重并高效准时完成工作任务，很难想象他们可以为外部顾客提供优质服务。企业首先应该尊重内部顾客，要知道员工有很多另谋高就的机会，但他们愿意选择我们，就是对企业的信任。

可能会有人认为，相比于外部顾客，内部顾客的互动并不那么重要。事实上，内部顾客互动与服务是外部顾客服务的基础，我们应该像重视外部顾客一样重视内部顾客。

为了建立积极有效的内部顾客沟通关系，企业应该营造一种重视员工的文化氛围。我们可以将对待顾客的"黄金法则"适当地应用于员工——"像对待自己一样对待内部顾客"。这也就是说，我们必须像对待外部顾客一样，竭尽全力挖掘内部顾客的需求与期望。不应是我们询问员工如何使工作更容易，而应是员工愿意主动分享他们工作中的各种想法。企业不应该是想如何控制员工，而应是形成一种团队成员共同努力的氛围。尽管贡献不同，但大家都是为一个目标而共同奋斗。

在认识内部顾客重要性方面，管理者作用非常关键。管理者要为员工提供各种机会，承担不同角色任务，帮助团队形成目标并为之努力。通常员工会认为，别人的工作总比自己容易，因此适时让员工承担不同任务与角色，有助于减少隔阂，增加理解与信任。当管理者积极营造整体氛围时，系统可能重新设计，文案工作可能减少，团队合作得到不断强化。

在为实现内部顾客满意的过程中，我们其实也为实现外部顾客满意奠定了良好基础。你会发现，员工间更加默契，工作更有效率，企业整体氛围更加和谐。如果你不能清晰地知道到底谁是内部顾客，可以尝试这样想：企业外部，你为谁提供服务；企业内部，谁为你提供服务？例如，谁确保了工作环境的整洁与安全，这些人都是内部顾客。致力于提供优质服务的团队需要有抓住每一个服务机会的共识。

1.3　顾客流失成本

在顾客期望不断提升及竞争日益加剧的市场环境下，服务提供者愈加重视顾客流失所产生的成本问题。顾客流失很可能源于很小的失误。当企业忽视顾客需求，不尊重顾客，或者不能及时跟进顾客反馈时，顾客很可能就流失了。

顾客从我们转投竞争对手时，可能出现以下不利情况：

第一种情况是我们的收入流失。也许初期的每位顾客引致的收入流失并不那么重要，但放入一个更长的时期来看时，将是损失惨重的。

第二种情况是我们丢失了工作。如果没有顾客，企业就不需要雇用员工。例如，广告公司由于没有良好的顾客跟进策略，流失了一部分顾客。顾客的流失直接导致了部分门店的关闭，随之而来的是员工失业。

第三种情况是企业声誉的损失。口碑传播在现代信息社会进行得更快，顾客很可能通过各种途径与亲朋好友分享他的经历。不好的口碑会使企业即刻流失现有客人或产生信任危机，对潜在客人也会产生负面影响。

第四种情况是未来生意的损失。这是一个潜在风险，虽然很难即刻精准评估损失，但不管多少，都必须引起企业足够的重视。

关键词汇

顾客服务　顾客满意度　顾客属性　人口特征　消费心理特征
商务信息特征　外部顾客　内部顾客

复习讨论题

1. 什么是顾客服务？
2. 列举五项顾客服务例子。
3. 所有顾客需要的五项需求有哪些？
4. 为什么服务提供者需要与内部顾客和外部顾客保持良好关系？
5. 技术如何帮助提供优质的顾客服务？
6. 如何理解顾客期望的价格与其期望的服务关系？
7. 金钱流失是顾客流失时唯一关注的问题吗？
8. 列举一些方法，谈谈如何成为更好的顾客。
9. 谈谈你认为的顾客服务哲学与定义。
10. 你认为什么是"心满意足"？

第 2 章　顾客服务的挑战

学习目标 / Learning Objectives

1. 辨别顾客服务障碍。

2. 顾客期望管理。

3. 顾客期望的识别与评估。

2.1　顾客服务感知与期望

2.1.1　顾客服务感知

与他人交往时，我们必须意识到他们对所处环境、经历和旁人的感知。感知（perception）是我们基于自身经验对某一事物的认识。通常来讲，人们对同一环境的感知或多或少会有些区别。

感知需要通过时间积累与发展，是个人价值观、信仰及如何被看待等的体现。两个人可以分享相同的经历，但却有不同的评价。值得注意的是，感知并不必然建立在理性思考或一时的喜怒之上。正是由于感知的神秘性，服务提供者必须从顾客角度努力为建立积极的顾客感知而努力。顾客可能不会对每一服务细节记忆犹新，但他们会对整体服务进行评价。正是这些评价和经历，构成了顾客对企业好与坏的感知。

企业应该尽可能地尊重每一位客人，将他们作为独立个体看待。尊重他们的时间、境遇及优先权。始终让顾客知道，感谢他们愿意与我们共度时光，询问顾客我们还可以为他们做哪些事情，适时地了解我们做得如何。顾客反馈有助于我们了解顾客对企业的感知，企业可能并不能抹去顾客的消极感知，但企业可以通过自身努力，让顾客进一步了解企业，形成积极感知。

2.1.2　顾客期望

顾客都会带有期望进入一个已知或未知服务场景。期望（expectations）是基于个人经验，对未来结果的愿景。期望可能是积极的，也可能是消极的。多少次你发现对预期的结果和现实会有差距？期望，在一定程度上建立在感知基础上。如果你上一次经历导致对某一企业的感知是负面的，那很可能这次的期望也并不满意。正因为如此，你可能会选择戒备的心理面对此次接触。

有些时候，企业和服务提供者错误地假设了顾客期望，这种错误通常来源于对顾客预期理解的失误。

一些学校会定期进行学校和学生期望调查，结果显示，双方期望确实存在一定差异。学校认为学生最关注的五个期望是：

- 成绩。
- 招生指导。
- 短期课程。
- 缺乏阅读作业。
- 更多的停车场所。

学生自己认为最关注的五个期望则是：

- 良好的学习环境。
- 可以转换的课程。
- 老师熟悉每位学生。
- 安全的停车环境。
- 更多的停车场所。

可以看出双方之间存在的差异。从这组对比中，我们需要知道的是，顾客期望可能比我们自身理解的顾客期望更容易实现且更低成本，关键在于我们是否及时理解了顾客期望并予以持续关注与满足。

2.1.3　顾客期望类型

企业必须意识到顾客有不同类型或等级期望，顾客期望可以分为两个类别：关键期望和次要期望。

关键期望（primary expectations）是指顾客在某次服务接触中的最基础需求。当顾客在餐厅用餐，他们的关键期望可能是避免挨饿，厨师尽快做好出品，以及合理的价格。

次要期望（secondary expectations）是指以顾客以往经历为基础的期望，它增强了关键期望。同样是顾客在餐厅用餐，次要期望可能包括服务良好、员工彬彬有礼、食物色香味俱全。

顾客期望具有变化性，而且每位顾客的期望都可能是独特的。对企业来讲确实是挑战，但同时也给予了我们为顾客提供优质服务的机会。

2.2　顾客信任

2.2.1　信誉

生活中我们经常会面临信誉问题，我们在多大程度上被信任，也就是我们的信誉度有多高。信誉（credibility）是企业现有知识、声誉和专业程度的综合。信誉高的企业往往更容易被顾客信任，如果我们努力工作，我们就会被信任。对于个体来讲，信誉是重要品质之一，也是决定我们个人可以获得多大程度信任和成功的因素。

我们可以尝试从以下途径建立信誉：

- 保持一致性。在相同的环境下保持相同的行事风格，保持公平；掌控情绪，积极、专业、热情。
- 遵守承诺。努力实现你的承诺，对于任何疑问应尽可能地积极回答。如果违背诺言，人们就不会再信任你。
- 发展专业能力。努力成为你的产品、企业和行业的专家，持续学习与改进。

- 成为团队一员。学会与他人合作，成功的合作将有助于组织目标实现及个人技能提升。
- 向顾客展示你的奉献精神。让顾客知道你愿意为他们付出，认真对待他们的诉求，并及时跟进。
- 尊重每一位顾客和员工。因为你对他人的尊重而赢得尊重，要时刻注意自己对顾客的影响。
- 真诚道歉。如果出现失误，真诚地表示歉意，而不是逃避责任，你的诚实将会获得他人的尊重。
- 请谨记，相比于保持诚信，诚信一旦失去，将往往很难再建立。

2.2.2　价值观的重要性

为了提供卓越的顾客服务，必须将企业价值观和员工价值观结合起来。价值观（values）是信仰、感知、思想等的组合，是个体或组织对环境回应的体现。个人和组织都有各自的价值观。企业必须有效地和员工沟通，让员工知道企业到底在乎什么、关注什么。公司价值通常通过员工手册或政策声明等书面信息传递给员工，此外价值观传递更需要管理层的行动。员工需要识别自己的价值观和信仰，并与企业价值观相匹配。

每个人的生活、成长环境不同，个体的价值观都会存在差异。对于服务行业而言，一些组织可能很清晰地标示了企业的喜好，而另一些组织可能并未清晰地传递这些信息给员工。不管怎样，服务提供者必须明确他们是企业和个体的代表，他们的行为诠释了企业的对客哲学。

2.2.3　顾客影响力

对于企业来讲，必须注意到顾客对其他顾客或潜在顾客的影响问题，即影响力。所谓影响力（scope of influence），是指基于个体感知或经历，影响他人的能力。每个人的影响力是不同的，通常来讲，一个人可以影响 7 ～ 15 人。当某个人具有更广泛的社交互动或更积极开放的性格时，他可能具有更强的影响力。

影响力并不是企业追求的最终目标，而是如何让顾客高兴和愿意与我们做生意。研究显示，吸引新顾客的成本是保留原有顾客的 5 倍，人们更倾向于将负面经历与上司或具有特殊权力、地位、影响力的人分享，而将正面经历与亲朋好友或无关紧要的人分享。此外，随着信息技术与互联网的发展，负面信息很容易就会大面积快速传播。

社交网站的势不可当，极大地提升了影响力范围。好的或坏的消息得以快速传播，而负面的或不准确的消息一旦发布，就会对企业或个人的声誉产生影响，即便有撤回机制或其他消除影响的方法。另一方面，社交网站可以作为一种迅速向大量人发送信息的有效手段。

市场营销学者很早就意识到了口碑传播的重要性，这也是影响力的基本表现形式。为了能够让顾客与他人分享正面的、积极的经历，我们需要对顾客表达感激，并创造机会吸引新顾客，提升他们的体验。毋庸置疑，满意的顾客是吸引新顾客的最好途径，并且成本也最低。

2.2.4　声誉管理

声誉管理（reputation management）是区别企业与竞争对手的有效途径之一。声誉管理是确认公司如何公众被感知，并制定一个纠正、维护或提高公司声誉的行动计划的过程。由于竞争加剧，顾客越来越倾向于根据某一产品或服务的声誉进行选择，而不仅仅依靠以往单一要素进行决策。声誉管理侧重点从企业想变成什么样，转变为关注公众如何感知和认识企业。良好声誉来源于企业和员工在各种环境下的长期积累。

追求良好声誉的企业必须尽可能对更多的顾客进行回访与信息搜集，根据反馈评估企业声誉。企业声誉并不完全等同于企业形象，企业可能会有一个正面的形象，但可能会有一个负面的声誉。换句话说，尽管企业有正面形象，但顾客可能还是会选择其他企业或产品。

拥有良好声誉的企业具备以下特征：

- 值得信赖。
- 优质管理。
- 尊重法律。
- 承担责任。
- 信守承诺。
- 道德责任。
- 承担公民责任。
- 优质的财务状况。
- 高效的沟通能力。
- 持续承担社会责任。

有效的声誉管理有助于企业真正理解顾客和利益相关者对我们的感知如何，进而帮助我们进行预测和未来规划。

2.3　顾客服务的挑战

2.3.1　顾客服务成功要素

企业已经意识到顾客服务的重要性，但很多企业认为提供优质顾客服务是一件简单的事情。然而事实上，不成功的顾客服务案例经常出现。通过对自身优劣势的评价，企业必须清晰界定"你的顾客是谁"这一问题。当企业准确界定顾客及其需求时，才能为其提供优质的顾客服务。只有深谙顾客服务可能产生的障碍，理解顾客感知与期望的重要性，以及维持顾客对我们信任，企业才能全力以赴地为顾客提供优质服务。

尽管我们都知道顾客服务的重要性，但人们却未必尽全力改进。这其中存在多种原因：

- 通常来讲，优质顾客服务所带来的财务收益很难衡量。让财务经理相信长期回报可能是一项挑战。
- 顾客往往会有很高的期望，但通常服务提供者并没有很好地理解了顾客这些期望。
- 顾客已经越来越习惯优质服务，但与此对应的高成本也是很多企业不愿意接受的。当然，滥用企业"友好服务政策"的顾客是少数，企业也通过对顾客恰当期望的满足而保留顾客。
- 科技发展为快速顾客反馈提供了机会，但同时也要求企业提供更多的培训以适应新的系统与挑战。
- 优质顾客服务是企业获取竞争优势的机会。面对提供相似产品与服务的企业来讲，优质服务是每家专业企业必须关注的。

2.3.2　优质服务障碍

服务过程中经常会出现各种障碍，包括企业经营思想、顾客需求难以及时得到帮助与解决、存在安全隐患的设备设施、严苛的退货条款、表述不清的服务承诺或服务手册、过于陈旧的服务程序、缺乏对服务价值真谛的理解等。很多情况下，服务提供者可能不能完全掌控这些障碍，但他们又不得不遵照这些约束提供服务。

另外有一些服务障碍是可以控制的，服务提供者通过自身努力可以克服，包括：

- 懒惰。
- 沟通能力差。
- 时间管理能力差。

- 态度差。
- 情绪控制能力差。
- 缺乏足够培训。
- 面对压力能力差。
- 没有充分的授权。
- 顾客服务缺乏稳定性。
- 人员不足。

企业必须定期评估顾客服务水平，并界定哪些领域需要改进。当企业进行这项工作时，员工必须主动应对挑战，并及时监测自身需要改进之处，避免又重新落入以往的工作习惯。

2.3.3 顾客服务道德标准

在很多情况下人们需要面对道德问题的挑战。什么是道德，为什么道德问题会影响我们的企业管理和个人生活呢？道德（ethics）是支配个人或群体行为的一套原则。有时，道德决策很容易被人们用以识别对错，被认为是行为的普遍选择标准。但有些时候，某些决策进入灰色区域，"正确"或"错误"很难识别。道德决策并不会基于个人的判断，当主管的指示、顾客的诉求、企业的政策，或其他潜在或真实威胁同时出现时，道德决策将更具有挑战性。

当面临真相或选择正确道路时，没有捷径可走。商业竞争中必须诚实，否则将无路可走。决策可能会导致好的结果，也可能会导致不好的结果，不管怎样，我们都要勇于承担责任。面临道德问题挑战时，我们需要清晰地回答以下问题：

- 它合法吗？
- 它公平吗？
- 我对它的感觉如何？
- 我会对信任的人评价我的行为感到害怕吗？

需要进行道德决策时，这些问题是很有启发性的。这并不意味道德问题很容易解决，只是环境分析有利于决策及识别问题所在。关于道德行为另一考虑是，"做正确的事情"并不总是受欢迎的，但保持个人的完整性和组织的声誉会使所有参与者知道他们考虑了所有的可能性并选择了最适当的行动过程。

2.3.4 超越顾客服务期望的方法与技术

我们可以尝试通过以下途径超越顾客期望：

- 与你的顾客更加亲密。了解你的顾客是谁，他们为什么愿意光临你的企业，找出他们对企业的满意和不满意之处。
- 询问顾客的期望是什么。找出顾客和你做生意获得的价值有什么？哪些是顾客期望的，而我们暂时还没有做到的？

- 告诉顾客，他们可以期望什么。将我们的承诺或使命传递给顾客。
- 努力实现顾客期望。持续跟进你的承诺，并努力实现。
- 保持一贯性。不要承诺不能提供的产品或服务，始终保持一贯性。顾客需要每一次服务接触都获得积极的体验，而不是忽上忽下的不稳定体验。
- 采用顾客期望的方式与之交流。比如顾客如果喜欢面对面的方式交流，我们就尽可能创造这样的机会；如果顾客喜欢线上服务或帮助，我们也应该有针对性提供。

需要注意的一点是，顾客的期望是在不断变化中的。对顾客以往期望的满足，可能由于竞争对手的模仿等原因，将不能满足顾客的未来期望。如果我们墨守成规，将会失去理解及满足顾客期望的能力。

美国的汽车工业多年来一直是全世界汽车行业的优秀代表。伴随着众多的忠诚顾客，它们的行业地位貌似稳定，汽车行业的优秀标准也是由它们所设定。与此同时，很多国外的竞争者日益关注顾客需求及偏好，到底喜欢什么和不喜欢什么。与之相反的是，美国的的汽车企业反倒没有注意到这些竞争的存在和变化，所以当这些竞争对手突然杀到时，美国的企业便有些措手不及，因为这些新的竞争者更了解顾客到底需要什么且知道如何去满足他们。美国企业因此受到了重创，它们不愿意相信，顾客会弃它们而去而选择别的企业。

遗憾的是，美国企业忽略了一点，虽然标准是它们制定的，但这也为其他企业实现赶超提供了机会。美国任何一个行业或企业都不能在不持续理解顾客需求和竞争者变化的情况下实现长久优势与忠诚顾客。值得欣慰的是，美国汽车企业意识到了竞争者的变化及自身需要改进之处，并通过努力满足顾客期望赢回了顾客。当然，现在的竞争依旧激烈，但是对顾客及其期望的不断深入理解将会有助于美国汽车企业快速恢复竞争优势。

2.4　顾客服务趋势

服务业出现了一些新的趋势，反映了顾客与企业互动的变化，及企业对顾客需求反馈的变化。这些趋势包括顾客对信息的可接近性、响应的即时性、顾客对服务提供者的反馈、服务功能的外包、技术对各类服务提供的应用及非传统顾客服务等。

如今的顾客比以往任何时候都更了解他们的账户状态、账单、交付和产品可用性等信息。在许多情况下，顾客的这种可接近性，降低了服务提供者需要响应问题的数量，可以更专注于满足顾客独特性需求的反馈。比如，热线电话的设计中，顾客可以通过个人识别码直接进入；又如，计算机系统可以追踪到特定货物的位置、货物是否已经被卸载、由谁进行卸载，并与顾客进行在线实时沟通。这些工作可以由顾客自己完成，或在服务提供者的帮助下完成。顾客对信息的可接近性在很大程度上降低了服务提供者常规服务的强度，可以更加专注于特定工作或个性需求，这同时也很好地阐述了技术对工作效率提升的作用。

即时响应是顾客服务的另一趋势。同样得益于技术的发展，顾客可以在提出问题时获得即时解决。同时服务提供者也得到了更多授权，而不像以往那样需要得到上级领导者批准。

顾客反馈是企业获得成长的很好机会，越来越多的企业鼓励顾客提出建议。独立研究机构或企业会定期联系顾客、回访顾客。多种顾客回馈计划的实施，使得企业有机会追踪顾客购买和偏好记录，从而提供更具个性化的顾客体验。同时，服务提供者也会建立顾客建议日志，以便更有效地提供改进服务。顾客也乐于贡献智慧，并看到企业有所改进。

企业在寻求一些新的战略以提升绩效、节省资金、有效地解决越来越多的技术要求，外包可能是一种不错的选择。竞争促使很多行业将工资管理、数据处理、费用管理、维护、市场营销、应收账款管理等业务进行了外包。一些特定的对客服务管理工作也进行了外包。外包有助于降低租金费用、提高收益，并降低员工短期成本，也有助于各类组织更好地服务目标顾客。很多企业通过电话、邮件、顾客问卷等收集顾客的反馈与抱怨，这些当然有助于企业更多地与顾客互动，但同时这些工作也降低了企业的处理速度。需要考虑必备的设备设施成本，还需要雇用并培训专业的访谈人员，很多企业发现难以承担此项工作。通过选择合适的外部公司，处理技术问题、顾客服务与关注问题、产品需求等，企业可以有效缩短响应时间，并和其他有需要的企业一起分担成本。对企业来讲，最积极的潜在收益是顾客得以保留，顾客需求得以满足并有机会参与企业管理过程，他们自然也就不会试图寻找其他所谓更好的服务了。

顾客服务是企业整体营销战略的重要组成部分，这也鼓励着很多非传统方式的应用。例如，向顾客提供企业信息是顾客服务的创新。信息可通过以邮件或传统邮递方式定期发送，这些信息对顾客没有威胁，只是对企业新产品或服务、新体系或新服务时间等进行说明。当然这也说明了企业关注顾客，让顾客感知到企业时刻准备为他们服务。企业信息发送往往被顾客认为是信息传递，而不是直接售卖商品，因此顾客不会有胁迫感，但实际上这是一种让顾客感觉更好的微妙的销售方式。

关键词汇

感知　期望　关键期望　次要期望　信誉　价值观　影响力　声誉管理
道德

复习讨论题

1. 为什么对于顾客来讲，企业诚信至关重要？
2. 试分析超越顾客期望的五种技巧。
3. 为什么很多人都会谈论顾客服务，但很少人真正去改进它？
4. 为什么我们要关注顾客感知？
5. 顾客服务常见障碍有哪些？
6. 当顾客不能准确理解企业服务的时候，企业应如何做？
7. 关键期望和次要期望的区别是什么？
8. 试举例说明，影响力在何种情况下帮助企业成功或使企业受损？
9. 建立信誉的技巧和方法有哪些？
10. 价值观在对客服务中的作用是什么？

第 3 章　解决顾客服务问题

学习目标 / Learning Objectives

1. 什么是解决顾客问题？

2. 解决顾客问题的流程是什么？

3. 如何应用头脑风暴法和图解法解决问题？

4. 什么是思维导图？

5. 如何培养谈判技巧？

6. 如何应用跟进策略解决顾客问题？

3.1　顾客问题

3.1.1　解决顾客问题的重要性

我们经常会面临需要解决问题的时候。通常来讲，人们会觉得问题是挑战，最好回避。但是我们都知道，在很多情况下，问题是无法回避的。服务提供者经常会面临的最重要的一项工作便是如何帮助顾客解决问题。解决问题（problem solving）是对挑战性局面的积极回应。

许多人害怕解决问题，它可能会给平静的工作环境带来压力。解决问题所带来的不愉悦感可能来自于我们的专业管理者还没有具备能有效地解决问题的技术。有限的学习可能来自于观察，如原生家庭中如何处理冲突等。当然这个例子不能直接转移到企业环境，大部分组织中的成员都会意识到不正确的解决问题方式所带来的不良后果。正因为如此，他们可能不愿意承担解决问题时随之而来的责任。

为了更加积极地面对问题并寻求解决途径，企业必须为员工提供培训。企业必须创立安全的环境，鼓励员工培养解决问题的能力，这对企业和个人来讲都是有益的。

解决问题和进行决策是个体化的过程，每个人都有自己独特的方式去解决特定的问题。需要注意的是最终结果，而不是解决问题的过程。尽管解决过程比较耗时，但它并不是最重要的。

顾客服务中最重要的一个挑战是，何时必须做出何种决策。当顾客打电话提出某一问题时，服务提供者可能只有短短的几秒或几分钟进行回答，并没有充裕的时间去检验解决方法的有效性。服务提供者必须足够专业，耐心倾听顾客对某一问题或情景的解释，并询问相应细节以确定问题，并提供合适的解决方案。注意，解决方案应是顾客愿意接受的。

服务提供者需要不断地学习解决问题的策略和谈判技巧，学习如何有效地解决冲突，以及理解跟进策略的重要性，丰富自己，以便更有效地做出决策、解决问题。

3.1.2　创新性地解决问题

人们愿意创新性地解决问题时，积极的挑战也伴随而来。创新性地解决问题意味着人们愿意以开放的思维寻找解决方式。方法恰当的话，创新性结果可能会涌现。创新性地解决问题，需要组织具有开放包容的文化，鼓励新想法并勇于尝试。当某个问题以既定方式解决后，如果相似的问题还是不断出现，可能是时候考虑如何另辟途径，创新性地解决问题了。

3.1.3   改进机会分析

顾客的批评为我们获得信息提供了机会。顾客反映问题或表达不满时，很容易产生一种对抗的氛围。面对批评，积极有效的方式应是正面理解顾客的批评，并将其视为一种创新性地解决问题的有效输入。面对顾客的抱怨，我们当然必须采取行动。

不要忽略顾客，他们往往会有更好地避免类似问题的想法或建议。为顾客提供分享想法的机会，鼓励顾客参与解决某项问题或体系设计中曾让他们失望的环节，这将有助于形成顾客和服务提供者共同努力的团队。

3.1.4   冲突管理

在解决问题的过程中可能会出现冲突。决策者在解决问题的过程中，会权衡各种可行方案，并选择其认为最恰当的方式。但是这并不意味着所有参与方都认为这是最佳的解决途径，由此便可能会产生冲突。冲突（conflict）是一种不友好的接触，它产生于对立的需求、愿望或想法。最团结的员工团队中或最忠诚的顾客与企业，都可能会产生冲突。面临冲突或不同意见时，我们都必须谨慎行事！任何在愤怒时的语言或言论，都可能导致更大的麻烦。请谨记解决问题的目标，即便是在双方愤怒的情况下，都是如何解决冲突，而不是如何赢得辩论。

面临冲突时，请记住以下建议：

- 仔细倾听对方或他方的观点陈述。
- 不要旧事重提或责备。
- 机智地回应对方。
- 不要反复表达愤怒，应更多地以积极的方式分享他人关注，寻求有效解决问题的机会。
- 聚焦解决冲突的最优方式。

3.2   解决顾客服务问题流程

解决问题有多种路径可以实现，当确认了问题确实存在后，以下指引有助于问题的解决（图 3 - 1）。

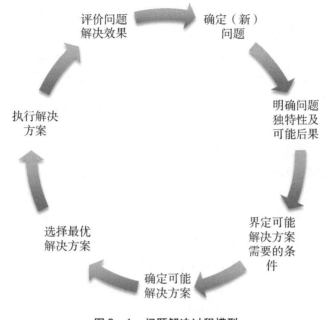

图 3 - 1　问题解决过程模型

● 确定问题。努力识别并界定清晰问题，有些时候真正的问题并不容易识别，因为一些干扰因素很容易识别，但这并不是真正问题所在。

● 明确问题独特性及可能后果。真正需要服务提供者解决的问题往往具有独特性特征，这些独特的特性可能与最终解决方案无关，但在开发解决方案时必须考虑这些问题。

● 在考虑企业现有政策的情况下，界定可能解决方案需要的条件。经常出现的问题，需要政策层面有效解决。问题的解决方案当然也要考虑现有政策是否支持，企业政策如果相对灵活，将有助于提高问题解决的概率。

● 确定可能解决方案。通常来讲，某一问题的解决，可能源于众多方案中的优选方案。在确定最优方案前，应考虑可能的一系列备选方案及可能影响到的个人。

● 选择最优解决方案。最优方案选择可能是解决问题过程中的最大挑战，应从企业和顾客角度全面权衡优劣势。

● 执行解决方案，告知顾客解决问题的细节，以及顾客可能受到的相关影响。执行方案是整个问题解决过程中关键一环，从顾客角度看，如果问题没有得到实际解决，再好的方案也将无济于事，最具创造性的解决方式必须付诸实践才有价值。沟通在这一环节至关重要，必须要向当事各方传递清晰信息，界定各自责任，确保最终成功。

● 评价问题解决效果。方案执行后，需要观察并评价其是否有效。方案效果评价是一个持续的过程，但正式评价需要按计划执行并在预定时间内完成。

问题解决过程应遵循上图所示指引过程，如果未能按步骤进行或忽略某些节点，可能会导致严重后果。例如，某一快递公司的送货人员没有来得及阅读他们的邮件。由于这一原因，某些重要信息没能准时传递给相关人员。管理层团队针对这一问题，召集大家开会。通过一个简短的问题分析后，大家开始各抒己见。一些人认为将所有员工的邮件转发到他们的家里，这样他们就有更多的时间阅读它；为所有送货人员购买笔记本电脑，这样他们就可以收到电子邮件；对失职的员工予以责罚。较为一致的建议是将邮件转发至员工家中。与此同时，管理层团队开始考虑如何打印地址标签及选择何种信封等。

而其中一位管理者认为将信件邮寄两次是不合理的，她认为，邮寄两次也许能够确保员工收到这封信件，但并不能确保他一定阅读了该信件。她认为当务之急是确认为什么员工没有阅读该信件。这是一种更加关注问题本质的解决方式。团队根据这一思路去梳理原因并解决信件问题。

通过更加细致的分析，员工每天收到超过 100 封的邮件。公司发出的每一份备忘录都发给了每一个员工，尽管可能跟某些员工并没有关系。送货人员的主要任务是派发邮件，对于他们来说，阅读并分类邮件是很困难的，尤其是他们还经常接收到很多无关邮件。管理者开始意识到问题并不仅仅是由于员工所导致，管理层也应承担相应责任。这样的解决方案关注到各方原因，有助于真正解决问题。如果当初没有人提出问题本质，那么企业将会花费更多的费用在邮寄员工根本没必要阅读的信件当中。

3.3　解决顾客服务问题的策略

决定采取何种角度解决问题后，组织可以选择单一策略或组合策略用于解决问题。为了更加有效地解决问题，选取有助于产生积极效果的恰当方法至关重要。解决问题的两种常用策略分别是头脑风暴法和图解法。

3.3.1　头脑风暴法

头脑风暴法（brainstorming）是一种可供两组或更多组人员使用的解决问题的策略。头脑风暴法使用的前提是，讨论的环境足够开放与包容，愿意接受更多的具有创意的想法与建议。分享想法时，其他想法也会得到发展。头脑风暴等群体模式的方式有助于产生独特的、富有创意的问题解决方法。

头脑风暴法的有效应用，依赖于参与者愿意分享想法。

首先需要界定待解决的问题，指定一位会议记录者，他的责任是记录每一位发言者的建议或想法。

其次是依序发表意见并分享他人建议，越多的想法被分享，越容易激发参加讨论者创造更多的新想法。会议主持需要注意引导开放积极的环境，鼓励参会者贡献想法。要让参加者放弃思想包袱，不要担心自己的想法会被拒绝或遭别人奚落，否则他们就不会愿意参与讨论并发表意见。

当多个想法生成时，准备一个主列表，它可以立即显示在挂图或白板上，也可以清晰列出并分发给小组成员供以后讨论。参与讨论人员可以看到所有想法并添加新的想法。此后应组织第二次会议，以提出最合适的解决方案。允许小组成员查看所有的共享想法，可以更容易确定哪些想法是可行的。所选择方案的实施，意味着问题正在解决。

3.3.2　图解法

图解法（diagramming）是一种解决问题的策略，它提供了问题的直观表示和与之相关的事实。直观表示很容易处理，便于检查和讨论。四种主要图解法为：优缺点表、流程图、组织图和思维导图。

1. 优缺点表

优缺点表（pro/con sheets）是一种较为简洁的图解法（图 3-2）。优缺点表是用来选择一个具体的行动过程作为解决问题的最佳方法。建立一张优缺点表，先写出问题和可能的解决方案，然后在表的两边分别划出优点栏和缺点栏。将所有实施此方案的优点列出在左边栏，将不实施此方案的原因，即可能的缺点列在右边栏。所有的优缺点都列出后，可以讨论到底是否采取此方案。正是由于优缺点表易于操作，其应用相当广泛。

优点 （支持论点）	缺点 （反对论点）

图 3-2　优缺点表

2. 流程图

使用流程图（flowchart）解决问题时，有利于清晰勾画出问题全部过程（图 3-3）。有时只列出一个情况如何处理，哪些人必须参与就足以确定为什么会出现问题。建立一张流程图，首先应在顶端确立问题的起点。例如，谁对顾客延期付款请求负责？如果过程始于顾客提出请求，则进入第一个框。接收顾客电话的人进入第二个框。第三个框是付款延期批准人。如果顾客支付记录须从另一部门查询获得，这将在下一个框中进行，这个过程从那里继续。

流程图对于顾客需求的理解更加直观清晰，可以更好地理解为什么有些环节所需时间比预期要多。同时流程图也可以识别出某些不必要环节，以更好地提高效率，节省时间。流程图也可以帮助决策者了解谁会受到信息处理方式改变的影响等问题。

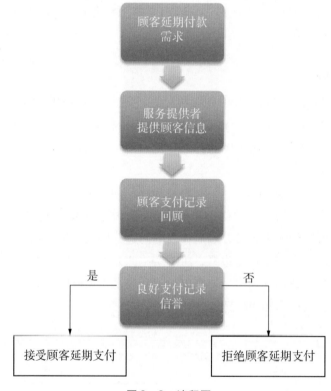

图3-3　流程图

3. 组织图

常用于展示企业组织架构的图标即组织图（organizational chart）（图3-4）。组织图体现了组织的层级关系，即谁领导谁。虽然组织图并不能直接解决某一问题，但它可以显示员工的工作领域及可能存在的困难。如果员工被要求完成某项新的项目，但他的管理领域却在其他方面，可能他并不具备完成新项目的知识与能力，因此也就不可能做出最优决策。此外，如果管理者不能真正参与到项目日常活动中，他们可能也不能真正理解员工每天面对的挑战与困难。

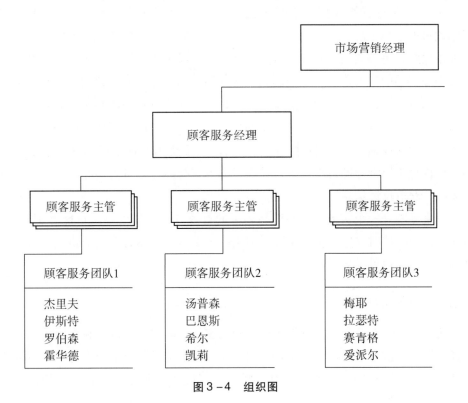

图 3－4　组织图

4. 思维导图

思维导图（mind mapping）是绘制发散性思维的问题解决有效工具（图 3－5）。思维导图产生于上世纪 70 年代，至今仍然流行。思维导图涉及传统解决问题方法的思路，同时也包含了新的、更加开放的问题解决机会分析等。

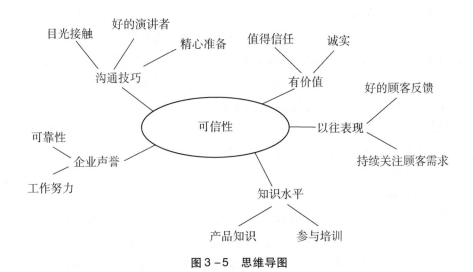

图 3－5　思维导图

关于思维导图的绘制，首先将问题后决策以椭圆形置于纸张中心，这代表了问题或决策是整个思维导图的中心。确立思考中心后，由此中心向不同方向发散出多条线路，每条线路上写出用以解决问题的关键词语或短句。每一个关节点代表与中心主题的一个连结，呈现出放射状立体结构。尽可能快地列出观点，越新奇越有创意越好，这个阶段观点质量并不重要。只要直观图能够说明观点，思维导图就是合适的方法。记录尽可能多的想法，并添加由此发散的更多想法。思维导图的绘制可能需要一个小时，甚至一天，然后使用者仔细回顾这些想法并完善，根据整张思维导图得出结论，什么样的方式与路径最可能实施，并与大家分享想法，获取反馈信息。

思维导图是一个实施创新想法与思考的有效方式，思维导图可能并不整洁、有序，甚至有些时候感觉不切实际，但它有助于激发个体思考。演讲稿、会议计划等都可以通过思维导图实现。

3.3.3 谈判技巧

通常来讲，专业领域没有易于解决的问题。顾客抱怨、诉求和提出的问题必须高效解决，富有建设性的方法是询问顾客如何解决可以令他们满意。这有助于让顾客参与问题解决的过程，同时与顾客直接接触的服务提供者也承担重要责任，此时高效谈判尤为必要。

谈判（negotiation）是对可能的解决方案的评价和对互利的解决方案的选择。谈判需要双方之间的讨论，这意味着可以达成一项每个人都认为公正合理的决议。谈判必须允许双方在某一问题上做出让步。为了提高服务提供者的谈判技巧，请记住以下建议：

首先，知道你的顾客是谁。任何参与解决问题的人都必须了解有关各方，以往的顾客关系积累可以为今天与顾客更加密切而提供有价值的启示。当然新顾客具有尚未发现的独特品质。越熟悉我们的顾客，就越有可能认识到他们真正的问题或担忧是什么。一些顾客最初提出了苛刻要求，然后随着谈判的进行会逐渐减少。如果这种趋势以前已经存在，现在的谈判也须注意。

每位顾客是具有独特需求、动机与担忧的个体，我们越能理解到他们的需求、动机与担忧，就越能有效地解决他们的问题。顾客希望感知到企业对他们的重视，希望我们能够记住以往和他们的每次接触，任何有关顾客的细节都将有助于问题的合理解决。

其次，询问并倾听顾客讲出和未讲出的需求。通过询问顾客并积极倾听顾客反馈，我们可以更好地理解问题所在。我们搜集的信息越多，越有助于顾客问题的解决。但需要注意的是，顾客有时并不愿意分享所有细节。有效的询问将会帮助服务提供者获取与解决问题相关的足够信息并清晰界定问题。

顾客可能还会有未直接表达的想法和需求，如果没有很好鼓励，他们可能并不愿意分享这些信息。比如，由于家庭突发事件，导致账单无法支付，可能顾客并不想将这些事情分享给其他人。在这种情况下，我们必须认真"倾听"顾客未直接说出的需求。我们可以通过顾客对某些问题的回应或犹豫来判断，或者换种顾客可以接受的方式询问，让顾客明白现在帮助他解决问题是最重要的事情。尽管顾客不愿分享自身资金问题的细节，但是他们还是很愿意知道其他支付政策或可能的灵活变通的措施。

需要注意的是，询问顾客问题容易形成紧张氛围，顾客不愿意分享他们认为没必要的信息或细节。因此，我们可以事先组织好问题，以合理方式与顾客进行互动，尽力创造一种和谐友好、利于解决问题的氛围。顾客需要感受到重视与尊重，他们的关注点企业也同样关注。

最后，了解企业政策，并知道在哪些方面具有灵活性。在与顾客进行谈判前，要确认了解企业的各项政策。很难想象在不了解政策等情况下，如何与顾客谈判达成共识。对政策的不了解，很容易让顾客感觉服务提供者不够专业或没有被授权解决此问题。顾客并不愿意听到"这是我们不允许的"此类的答复，但往往这个答复又是最准确的。谈判者仅仅知道不被允许的事项是不够的，应该清晰知道被允许的事项有哪些。但非常遗憾的是，我们的服务提供者过多地关注了否定方面，而忽略了可以为顾客做的事情有哪些。

企业根据相似的问题制定政策，以保持一致性。从这个角度看，企业各项政策具有积极作用，表现出了组织的公平性。但另一方面，可能顾客并不知道企业的政策是什么，也不清楚何时采取何种政策。服务提供者应该知道政策的灵活性，如果能够给予他们更多培训，服务提供者将会具有很好的授权，也会因地制宜采取应对策略。

一、表现灵活的意愿。上文谈到了政策灵活性，这要求对所处环境做出反应的能力很重要。仅关注满足顾客需求是不够的，服务提供者必须能够向顾客传达这种灵活的愿望。通过询问顾客意见，建立一种开放性沟通环境。如果顾客的建议被全部或部分采纳，他们会感觉自己为事情的解决贡献了积极影响，并愿意接受企业建议。灵活性还可以通过与顾客的对话来体现，鼓励性的言语对顾客来讲都会产生较为积极的影响。允许顾客尽可能多地参与到问题解决过程中，他们的参与可以更多地实现价值共创。比起企业独立解决问题，可能这种灵活的共同解决模式效果更好。

二、恰当地处理顾客和服务提供者的愤怒。针对某一事件不同意见时，双方的不满或愤怒总是存在的，这时候也正是需要谈判了。当不满情绪出现，尽可能温和处理，避免其爆发。愤怒表达了受挫、紧张或未能实现预期期望，也可能与讨论中的事情本身没有关系。

　　为了平息顾客的不满情绪，应尽可能细致地理解事情的起因和现在的状况。不应通过对抗化解不满。服务提供者可以告知顾客，不好的情况会改变，并会给予顾客相应的补偿。例如，快餐店中，长时间排队等候引起顾客不满，当经理的回答是，部分员工生病不能上班，这反倒会引起顾客更大的不满。但是当经理愿意为由此给顾客带来的不便提供免费食品和饮料时，顾客的愤怒情绪可能很快就消散了。真诚道歉和提供免费项目代表了我们愿意承认企业有过错，并尽最大的努力降低由此给顾客带来的不便。

　　有些情况下，我们可以将造成不满的责任转移给顾客。当然这样做必须谨慎细致，有时也可以带来积极效果。例如，顾客打电话给草坪护理服务公司，准备取消合同，因为杂草问题层出不穷。当了解到顾客担心杂草问题时，护理公司可以立即回应说，如果以后还会发生类似问题，公司将免费为顾客提供额外申请，以获得草坪再次护理。通过鼓励顾客共同承担责任，不满情绪可以被有效消解，同时合作关系也能维持下来。但这种处理方式不适合经常反复运用，适当地阶段性应用会更有效。

　　当服务提供者感觉自己快要控制不住情绪时，一定要清楚自己是企业代表的角色。每个人都需要对自己的愤怒负责任，员工对顾客表达出的不满情绪可能会使企业声誉受损。因此当员工感觉自己快要发怒时，尽可能地让自己的不满情绪平静下来。

　　三、考虑顾客在谈判过程中可能会失去什么。谈判就意味着有得有失，顾客可能会感觉自己总是在付出，而企业总是在攫取。尽力去了解顾客可能会在哪些方面让步。拖欠账款的客人可能总想寻求一些经济优惠，当然这在企业的角度是不可能的，但顾客可能并不这么认为。在这种情况下，适当地调整付款方式也许是可行的方案，当然顾客必须支付是前提。当与顾客谈判时，重点是要产生双方都能接受的结果。

　　四、确定一个对双方都有益的解决方案。与顾客谈判，应寻求一个对企业和顾客都有益的解决方案。如果顾客愤怒离去，没有一方会收益，他们不会再与企业有任何生意来往。实现双赢才能确保双方长期合作关系的实现。即便企业决定以后都不与该顾客打交道，但请记住，也许以后会面对与该顾客熟识的客人。

　　向顾客清晰解释可行方案是必需的，寻求顾客反馈以便确认是否还有后续工作需要跟进。谈判的过程中虽然双方都有让步，但重点是可以产生对彼此都有益的结果。

3.3.4　如何致歉

　　服务提供者帮助顾客解决问题时，可能意识到公司、同事或他们自己所犯的错误或疏忽。有效解决问题的前提是应该承认当顾客受到不合理待遇时享有合法诉求的权利。敢于承认错误不代表软弱，反之，它是一种有效的沟通途径。

向顾客致歉是专业工作中的一部分，当然服务提供者不是无条件的致歉，而应是在充分分析与准备后的致歉。

准备向顾客致歉时，可参考以下建议：

- 通过向顾客表达情感上的理解，向顾客传递"我们在意您"的信息。

- 向顾客表达，我们愿意承担责任。即便问题的责任不直接在于你或你的公司，但我们都是问题解决的参与者。

- 传递诚意。当向顾客致歉时，很重要的一点是向顾客传递关心和关注。如果我们说"我们很抱歉这一错误的产生"，那么说话的方式一定要让顾客感受到我们的歉意。

- 寻求改正错误的机会。如果不改正问题或寻求变化，仅仅致歉是不够的。直接向顾客表达"我们可以为您改正错误吗"，告诉顾客我们愿意改进并希望持续与您保持伙伴关系。

- 表达未来继续与顾客保持合作关系的意图。可以直接询问顾客"我们是否还可以将您视为积极的合作伙伴"，通过这一问题表达我们愿意积极改进，并希望继续合作。这也有助于进一步了解顾客需求，打消顾客未来在合作上的疑虑。

3.3.5　解决问题障碍与决策制定

问题解决与决策过程中会存在一些障碍，决策者可能并没有清晰地意识到这些障碍的影响。常见的障碍主要包括以下几个方面：

- 拒绝变化。人们通常习惯于以往的行为方式，而对变化有所顾虑。拒绝变化会阻止人们发现新的机会和新的解决问题的方式。

- 习惯。习惯限制了我们对所能够完成事情的看法，可能会妨碍解决问题。个人可能察觉不到习惯的存在，并且没意识到这可能是纠正问题的巨大障碍。例如，一个在完成工作方面有困难的接待人员，可能不知道工作时间打私人电话的习惯占用了他大部分的工作时间。

- 不安全感。不安全感可能会阻止个人冒险或执行可能需要他们采取行动的行为。不安全感往往来自过去的经验或缺乏自信。

- 以往历史。以前发生的有效方法和无效方法会限制人们采取新手段解决问题的欲望，过去的历史经验会成为拒绝变化的借口。

- 害怕成功或失败。有时人们会经历各种类型的恐惧感，虽然对成功或失败的惧怕不可避免，但它确实影响问题的解决。对于人们来讲，惧怕往往与未知相伴而行。当试图以新的方式解决问题时，成功与失败都是可能需要面对的结果。不管结果怎样，都是一种改变。一些人可能寻求改变，而有些人可能惧怕改变。这种惧怕可能会避免失败，但同时也可能阻止成功。

● 匆忙下结论。当问题必须解决或做出决策时，很容易匆忙下结论，而我们也会为此给出多种假设条件，而这些前提假设往往会产生负面效果。

● 感知。如上所述，感知是基于以往的经验对事物的认知。由于我们个人的主观认知，可能并不能从多个角度客观看待问题。

对以上障碍的理解有助于服务提供者更好解决问题，防患于未然。

3.3.6　解决问题的跟进策略

一旦界定了问题或问题已经被解决，跟进策略就变得非常重要的。跟进策略（follow-up）主要是检查、确认是否依据计划进行了相关操作。跟进策略需要决策者跟进顾客的反馈，以确认顾客收到的问题解决方式和结果为之前与顾客共同协商确定的。如果解决方案从未完全实现或遇到困难受阻，再有效的解决问题方案也没有价值。顾客会更愿意记住结果，而不仅仅是开始和过程。顾客对于我们的友好态度、快速回应疑惑、解决方案等都很满意，但是，如果由于某些原因，解决方案没有按计划实施，顾客将不会记得我们对他的任何友好善待。顾客只会记得他们的问题没有得到解决。当问题的实际解决者不仅仅是解决方案的制定者时，后续跟进策略至关重要。

与顾客保持沟通、让顾客知道问题解决的进度是形成良好人际关系的有效工具。阶段性的联系有助于让顾客感受到酒店的关怀与关注，同时让顾客知道，他们的问题我们在持续跟进处理中。顾客的回复可能会是："真没有想到你们会再联系我！你们公司确实提供了优质的对客服务！"跟进策略有助于满足顾客需求，实现顾客对企业持续满意。

对客服务中的问题解决及决策制定有助于传递顾客信息，即我们关注顾客及顾客需求，这也日益成为企业获得成功的重要因素之一。满足顾客及其需求是企业成功的目标。

关键词汇

解决问题　冲突　头脑风暴法　图解法　优缺点表　流程图　组织图
思维导图　谈判　跟进策略

复习讨论题

1. 试分析问题解决模型，并列举决定和实施方案的七个步骤。

2. 头脑风暴法是如何提供创新性解决问题的方法？

3. 为什么企业必须对员工解决问题的技巧进行培训？

4. 创新性解决问题在哪些情况下会更加有效？

5. 将问题看作机会是积极对待问题的态度。这种方法如何缓解顾客面对问题与受挫时的反应？

6. 列举面对冲突时的一些可行的做法。

7. 为什么一些简单的方法却是有效的问题解决方法，如优缺点表？

8. 选择一个问题或决策，应用思维导图法分析可能的解决方案。

9. 与顾客沟通解决方案时，为什么了解企业政策是必需的？

10. 解释跟进策略对于解决问题的重要性。

第 4 章 顾客服务战略规划

学习目标 / Learning Objectives

1. 什么是战略?

2. 为什么建立目标需要规划?

3. 分析基础设施的重要性。

4. 列举工作场中的文化。

5. 如何理解消费行为?

6. 根据市场细分原理将顾客划分为不同类型。

4.1　顾客服务战略的基础

4.1.1　为什么需要战略

优质的顾客服务不是偶然，而是深思熟虑的规划结果。

优质顾客服务的实现，最重要的就是制定战略。战略（strategy）是积极主动的行动方案，目标的实现有赖于有效方案。

策略可以帮助企业判定出合适的顾客服务水准。如果提供的顾客服务太多，可能会造成企业的财务问题；如果提供的顾客服务太少，顾客可能会把他们的生意转移到其他地方。

顾客服务战略的制定，需要考虑几个要素：规划、基础设施、文化、高接触类顾客和低接触类顾客、消费行为和市场细分。

4.1.2　什么是战略规划

在制定顾客综合服务策略时，第一步要做的是规划。在开始进行规划的过程中，服务提供者必须设定目标，以确定他们想要在其顾客服务中完成哪些任务。

从广义上讲，规划（planning）就是要聚焦于某一可识别方向。更确切地说，规划是设立一些具体的顾客服务目标。这些目标可能有所差异，从减少顾客投诉的次数到在 20 秒或更短的时间内接听顾客来电。设立顾客服务目标将有助于顾客服务提供者确定他们想要完成的任务。在制定策略的过程中，企业也可能会出现新的或其他优先目标。

4.1.3　基础设施重要性

顾客服务效果有赖于能采取适当行动的基础设施。基础设施（infrastructure）由人际网络、设备设施和支持顾客服务的信息组成。有些企业可能在不考虑现有基础设施功能的情况下去落实顾客服务项目。例如，如果一家公司增加了一条免费的顾客服务热线，但并没有增加其热线电话的数量，那么这可能会对其顾客服务的声誉造成负面的影响。虽然增加免费热线是一个不错的主意，但缺乏额外的线路可能会导致顾客在他们的问题或疑虑得到解决之前就因无法接通而感到沮丧，挂断电话。

其中一种看待基础设施的方式是把它当成"高速公路"。许多城市发现如果它们的基础设施（如水资源、下水道系统、道路、电力等）跟不上人口增长或人口流动，那么其社会公共服务就会变得很不理想。当新路建成时，似乎会随之出现新业务，但有意思的是，在很多情况下，某些业务可能早已经存在，然而，由于基础设施不完善，它们并没有真正被运营起来。

　　基础设施建设需要规划，如果未来的需求没有预先规划好，那么未来需要花费的成本可能会更大。基础设施投资很少能在三五年内实现收益，但其建设有助于满足顾客需求。创造优质服务的最大成本就是建立支撑它的基础设施。

　　充分利用基础设施的潜力很重要。如果现有技术已经就位，而员工还没有接受培训去使用它，那就造成了浪费。遗憾的是，很多企业都出现了这种情况。许多的语音邮件系统、计算机、复印机、软件和传真机都未被使用过，因为设备供应者没有给使用者提供过培训或从未鼓励他们去使用。如今，顾客也在使用一些技术，同时他们希望其服务提供者也在使用这些技术。

　　随着销售额的增长，公司也应提高自己的能力以便更好地服务于顾客需求。

4.1.4　关于文化

　　服务环境应具有顾客导向服务文化。文化（culture）是由一个群体共享的价值观、信仰和规范所组成的。许多人并没有意识到每个企业都有自己独特的文化。通常，管理层会强调顾客服务的重要性，但却没有提供能够创造积极的顾客服务的工作环境。如果"文化"没有促成优质的顾客服务，那么优质顾客服务将不会存在。

　　文化的例子包括：

- 工作时间约定。
- 行业术语。
- 同行问责。
- 等级认证。
- 公司赞助活动。

　　西南航空公司被认为是较少顾客投诉、一贯守时的服务提供者，这很大程度上取决于公司为员工创造的服务文化。公司鼓励员工除了做好本职之外，还要提升自我。公司为员工提供正式但穿着舒适的服装，幽默感是公司与顾客之间关系的重要组成部分。西南航空公司成功塑造顾客友好型文化的三种途径包括：

- 黄金法则。无论对内还是对外，对待别人就像你希望别人对待你一样。
- 将内部顾客放在第一位。西南航空公司坚信如果服务好内部顾客，那他们会自动服务好外部顾客。
- 努力工作，尽情娱乐。取得成功时共同庆祝，设立各种激励制度，给员工一个努力工作的理由。

4.2　战略规划的制定

4.2.1　顾客消费行为分析

消费行为（consumption behavior）是指顾客的消费模式和支付方式。对消费行为进行评估是一种相对简单的收集顾客信息的方法。如果企业已经有一套既定的收集顾客数据的方法，则更是如此。

如今更多企业通过信息化途径获取顾客消费行为模式信息。美中不足的是，许多人不知道如何去处理他们收集到的信息。他们有太多的信息，而这些信息难以用于更好地了解顾客。在分析消费行为时要回答一些重要的问题，如：

- 顾客要购买什么？
- 他们为什么要买？
- 为什么他们今天的购买量比上次多？
- 他们为什么打来咨询电话？
- 他们的问题是什么？
- 他们花了多少钱？
- 他们以前来我们这里买过吗？
- 他们是如何支付的？
- 他们什么时候安装/组装产品？
- 他们最近还买了什么？

企业掌握的顾客消费模式信息越多，越能更好地制定服务战略，从而更好地为顾客服务。很多公司为不同类型的消费者提供独特的消费模式。以相同的方式服务所有顾客是不合适的。如果这样做，可能会给公司带来风险，比如导致某些顾客不满意、过度服务某些顾客、忽视其他顾客等。

一家排水系统公司为某顾客在其豪华住宅里安装了顶级排水系统。当新房主购买此屋时，打电话通知该公司安装一些新增的排水系统。该公司没有在三个已经约定好的时间里前来安装排水系统。然而，当他们自己上门来安装时，顾客不在家，因此未能及时将账单交给顾客。三天后，顾客收到了发票邮件，发票日期是他们之前第一次约定的上门安装时间。顾客将账单放入"待付款"文件中，并安排在一周内的指定日期去支付账单。在收到发票后的第二天，排水系统公司收款人怒气冲冲地打电话给顾客，问他为什么还没有付款。顾客说，他刚刚收到账单，未来几天内会支付。收款人则表示，所有的账单都要以货到付款的方式支付。

顾客解释说，排水系统安装完成后没有给我任何账单，而这份账单是刚刚通过邮件收到的，所以就没有付款。而他再次被告知，公司不会宽容对待那些没有付款的顾客。排水公司要求顾客立即付款，否则将对其采取行动。顾客挂电话时表示他会马上付款，但同时也对该公司没有第一时间打电话来告知付款方式而感到恼火。当晚（已经付款后），该顾客邻居称赞其排水系统很独特，并询问是哪家公司的产品。顾客将之前发生的事告诉了邻居，并表示无论这家公司的排水设备有多好，他都不会向其他人推荐。

这听起来像是一个关于顾客抱怨某个家装产品的普通故事。实际上，这反映出企业的产品和服务令顾客失望。该公司本可以通过了解顾客的消费行为以及改变其对未支付款项的收款方式来维持公司的声誉，并留住那些潜在的有影响力的顾客。

许多公司因为没有考虑到顾客的消费行为习惯而失去商业机会。我们经常会看到企业在广告或其产品说明书中有一个免费电话号码，但当你尝试拨打该号码时，却尴尬地发现该免费线路只能在美国东部时间星期一至星期五上午 8：00 至下午 5：00 之间提供服务。明确每位顾客的消费行为与习惯，可以使企业有效地在顾客需要的时间、地点和方式上为其提供服务。

4.2.2　市场细分

在制定顾客服务战略时，了解顾客的相似性非常重要。市场细分（market segmentation）就是将顾客划入具有相似特征的群体中。

市场细分有助于将顾客划分为不同的服务群体，从而更容易评估如何给不同群体提供更合适的服务。市场细分还可以帮助明显有特殊需求的顾客群体，例如提供儿童看护服务的健身俱乐部或给顾客提供交通服务的眼科诊所。

市场细分还可以识别出常见和不常见的顾客服务需求。由于顾客群体的多样性，市场细分操作起来往往有些困难，但在制定战略时，这却是一个很好的起点。

顾客服务细分举例：

- 需要或期望的服务类型。
- 目前顾客群体的相似之处。
- 业务高峰时段以及在此时间内有业务往来的特定顾客。
- 所需的服务量。
- 创建适合您的产品或服务的市场细分。

4.2.3　战略制定

对各要素（如规划、基础设施、文化、高接触类服务和低接触类服务、消费行为和市场细分）做出相应评估后，就可以制定服务战略了。

以下七条准则可以为企业制定服务战略提供指导：

- 顾客细分。将顾客分成多个具有相似特征的群体。

- 识别最大的和最有潜力的顾客群体，并为这些顾客提供优质服务，他们是企业业务的主要来源之一。

- 确定顾客期望。找出顾客想要从你们这里得到什么。

- 制定一个能有效实现顾客期望的规划。一个具有创新性的战略，能够帮助企业有效服务顾客。

- 实施规划。实施企业所制定的新战略，各方面要同步进行。

- 制定评估时间表。在战略实施前，应确定如何评估及时间安排。

- 战略持续改进。评估顾客服务战略有效性并适时做出改进。与时俱进，确保战略可以适应环境变化。

关键词汇

战略　规划　基础设施　文化　消费行为　市场细分

复习讨论题

1. 试解释什么是市场细分。
2. 什么是文化，结合工作中实际案例说明。
3. 建立顾客服务战略时，应考虑哪些因素？
4. 尝试寻找下你所在企业中基础设施的例子。
5. 比较依据七条战略指导建立的成功战略和没有依据指引建立的战略。
6. 识别你所处企业的顾客细分市场。
7. 举例说明，哪些情况下更适合高接触类服务，哪些情况下更适合低接触类服务。
8. 顾客期望在企业建立服务战略中的作用是什么？
9. 如何理解你所处工作环境中的文化？

第 5 章　顾客服务质量

学习目标 / Learning Objectives

1. 服务质量及其分类。

2. 顾客期望与服务质量。

3. 如何满足顾客期望？

4. 什么是恰到好处的服务？

5. 质量、价值和成本关系。

5.1　什么是服务质量

5.1.1　服务质量的定义

服务质量（service quality）是指企业以其设施设备为依托，向顾客提供的服务在使用价值方面适合和满足顾客的物质需要和心理需要的程度。

企业提供的服务既要满足顾客生活的基本需要，即物质上的需求，也要满足客人的心理需要，即精神上的需求。所谓适合，是指向顾客所提供的服务的使用价值能否为客人所接受和喜爱；所谓满足，是指该种使用价值能否为顾客带来身心愉悦和享受。因此，服务的使用价值适合和满足顾客需要的程度高低体现了企业服务质量的优劣。适合和满足顾客的程度越高，服务质量越好；反之，服务质量越差。

服务质量通常有两种理解：一是广义的服务质量，它由设施设备、实物产品和劳务服务的质量组成，是一个完整的服务质量概念。另一种理解是狭义的服务质量，专指劳务服务质量，它指纯粹由服务人员的劳动所提供的，而不包括以实物形态提供的使用价值。

5.1.2　服务质量的分类

通常来讲，服务是有形产品和无形劳务的有机结合，服务质量则是有形产品质量和无形劳务质量的统一。有形产品质量是无形劳务质量的凭借和依托，无形劳务质量是有形产品质量的提升和体现，两者相辅相成，构成完整的服务质量内容。

1. 有形产品质量

有形（tangible）产品质量是指企业提供的设备和实物产品及服务环境的质量，主要满足顾客物质上的需求。

企业利用其设施设备为顾客提供服务，设施设备是企业赖以存在的基础，是企业服务的依托，反映了企业的接待能力。同时，设施设备质量也是服务质量的基础和重要组成部分，是服务质量高低的决定性因素之一。

实物产品可以直接满足顾客的物质消费需要，其质量高低也是影响顾客满意程度的一个重要因素，因此实物产品质量也是企业服务质量的重要组成部分之一。

服务环境质量是指企业设施的服务氛围给顾客带来感觉上的愉悦感和心理上的满足感，包括独具特色的建筑和装潢、布局合理且便于到达的服务设施和服务场所、充满情趣并富有特色的装饰风格，以及洁净无尘、温度适宜的环境和仪容仪表端庄大方的服务人员等。

2. 无形劳务质量

无形（intangible）劳务质量指企业提供的劳务服务的使用价值质量，即劳务服务质量，主要满足顾客心理上和精神上的需求。劳务服务的使用价值使用以后，其劳务形态便消失，但会给顾客留下不同的感受和满足程度。如酒店服务人员有针对性地为顾客介绍感兴趣的客房、菜肴和活动设施，前厅接待人员对顾客服务项目信息咨询的回应，都会使顾客感到愉快和满意。劳务服务质量主要包括礼貌礼节、职业道德、服务态度、服务技能、服务效率、安全卫生等。

5.2 顾客期望与服务质量

5.2.1 顾客期望的实现

顾客到达某一服务场所——如酒店或餐厅——之前，都会有一定期望（customer expectation）：它应该是什么样的、服务提供者该如何提供服务、企业的环境应该是怎样的、顾客应具备哪些能力以完成共同创造、对顾客着装或行为有什么要求、优秀的服务传递应该是怎样的……顾客的期望可能建立在广告、熟悉的品牌、促销活动、以往和其他服务企业接触的经历、顾客自身想象、其他顾客的经历等，企业的责任在于多大程度上能将新老顾客建立于营销部门的企业承诺转化为顾客期望的实现。

顾客以往和企业打交道的经历会成为形成未来期望的主要来源，在很多情况下，这提高了未来期望满足的标准：给与初次到来的顾客的"惊喜"服务，可能下次就打动不了他了。企业的责任在于培养、提升服务提供者的能力，让其面对新老顾客都能提供实现甚至超越其期望的服务。不管你是何种类型的企业，你可以选择低于或不低于承诺，但让顾客产生难忘经历的核心在于，能够持续地多提供那么一点点超越顾客期望的产品与服务。

很多企业尝试在顾客到达之前，就为其提供准确信息，以便企业可以做出满足甚至超越其期望的产品或服务。如果顾客不能从企业获得足够多的信息，那么他们会从其他途径获得这些信息，包括通过企业口碑、广告、朋友以往经历、以往类似企业的自身经历，或者互联网等。这些信息可能准确，也可能不准确。

5.2.2 满足顾客期望

实现企业营销部门承诺或建立在顾客以往经历基础上的期望，归根结底还是在于运营部门的实施。如果顾客实际经历的少于其期望，顾客一定会不满意。顾客可能不会记得之后愉悦、细致的顾客体验，而更可能会记住不好的服务和经历等没有满足的期望。为了保持品牌声誉与顾客忠诚，企业必须满足或超越顾客期望。如果不能做到，企业要么改变其营销策略、建立与企业相符的顾客期望，要么改变其产品、服务环境或服务传递，以满足目前顾客的期望。如果有足够多的顾客告诉他们的朋友，他们在你的餐厅或酒店得到了非常不好的经历，那么你的企业声誉就堪忧了。随着互联网的发展，顾客好的经历和不好的经历不只是通过邻居或电话模式传播了。感到不满的顾客可以即时和朋友或和任何人在社交网站上发表他们的看法。网络的易进入性（事实上已成为人们出行信息的常用获取方式）让顾客可以将其建议传递给世界各地的、成百上千的陌生人！如"猫途鹰"（TripAdvisor. com）为世界各地旅行者提供的各类信息便是很好的例子。

对于企业来讲，面临的主要挑战就是尽可能准确地预期顾客期望并满足或超越它。优秀的企业总是愿意花费更多的时间和费用去研究如何满足甚至超越顾客期望，不管是新顾客还是老顾客。以游轮企业为例，持续满足顾客期望可能确实是不小的挑战。初次到来的游客可能通过旅游中介公司的宣传册子或邮轮公司宣传视频了解该企业，他们可能对公司的杰出声誉和品牌承诺略知一二。而再次光顾的顾客基于以往经历可能有了更高期望。邮轮公司的责任在于通过不懈努力，努力实现并超越新老顾客的期望，让他们有一次难忘的邮轮旅游经历。

如果企业不能满足顾客的某些期望，企业应该如实告知顾客，不应让顾客期望过高。在美国航空业困难时期，西南航空公司依然能保持较好的业绩。这一方面来自于其精心的服务，而另一个更重要的成功原因是，西南航空公司从不向顾客承诺他们实现不了的事情。正如一位顾客在 Yelp 网站上的评价："我是真的喜欢西南航空。尽管不一定是最棒的，但他们确实如人们期望的一样在做事，安全高效地将顾客送达目的地——当然还有你的行李！"企业必须认真评估目标市场的顾客期望，评估自己的能力是否能满足这些期望，最后尽全力去满足和超越顾客期望。

但企业同时也需注意，不要过多打扰顾客，避免顾客产生不舒适、不愉快的感受。比如，当顾客准备进入一家餐厅，他们感觉应该是快餐类餐厅，但同时又看到台面铺着白色的亚麻台布，这时他们可能会认为这是一家提供较好服务与食品的餐厅，同时价格方面会超出顾客预期。当然大多数顾客都喜欢美食，但人们希望根据需要选择，而不是进入餐厅后发现与心理预期差异较大。

此外，顾客通常希望服务提供者细心礼貌，但试想一下，当顾客进餐过程中，服务人员一直不停地询问顾客需求，会是什么样的效果？假定两位管理人员打算进餐过程中商讨商业事宜，抑或一位男士打算进餐过程中向另外一位女士求婚，希望安静环境，而我们的服务人员一直殷勤备至，顾客一定不会有任何惊喜，而更可能是愤怒。优秀的企业一定会注意两点：首先，企业一定会花费足够的时间和费用培训员工，帮助他们通过顾客提供的线索、信号或身体语言适时调整与顾客的互动。其次，通过问卷或直接面对面的沟通持续了解顾客对于他们经历的评价，确保顾客接受到的服务是恰到好处的，而不是过于殷勤的、引起顾客不适的服务。

通常来讲，大部分顾客有相似期望。调查和采访可以确认顾客需要干净、礼貌、快速反应、可靠性和友好性。

如果顾客的期望没有得到满足，产生了不愉快的经历，他们会抱怨。因此，对顾客抱怨的评估也是了解其期望的途径。市场营销专家 Berry 教授列举了顾客最容易产生抱怨的十个方面。考虑顾客不想要什么可以提供他们想要的东西的洞察力。针对投诉的研究表明，最让顾客恼怒的是不受尊重。

以下是 Berry 教授列举的十条抱怨（customer complaints），这有助于我们从整体和细节上把握顾客期望：

表 5 – 1   顾客抱怨与期望

顾客抱怨	顾客期望
撒谎、不诚实、不公平	被告知真相并公平对待
遭受员工苛刻、不尊重的对待	尊重对待顾客
不关注顾客、工作失误、不遵守承诺	接受无失误的、细致的、可靠的服务
员工没有意愿或获得授权解决问题	员工被授权，能够即时解决顾客问题
由于一些通道或柜台关闭，顾客等候时间过长	尽可能降低等候时间
纯标准化服务	获得服务者的关注与真挚情感的回应
出现问题后，沟通不充分	出现问题或服务失误后，能够及时被告知补救措施
员工不愿意提供更多的帮助，或顾客寻求帮助时显得漠不关心	员工训练有素、乐于助人、积极为顾客提供帮助
员工一问三不知	从服务者那里得到准确的答案，包括服务产品和企业程序
员工在工作时间处理个人事务，或当顾客等候时与他人聊天	始终将顾客利益放在第一位

企业应将以上顾客关注和期望放在首位，作为企业培训内容传递给员工。事实上，很多杰出企业都会尽全力挖掘更多顾客期望细节，这样有助于它们提供更加具有针对性的个性化服务与经历。很多企业都会建立数据库，记录下顾客期望，以便顾客再次光临时可以提供更好的服务与产品。

5.3 质量、价值和成本关系

关于质量的定义，前面我们已经提到，这里想重点解释两个公式，这两个公式有助于我们进一步深入理解质量、价值和成本间的关系。从顾客期望的角度，质量可以理解为：顾客实际经历的质量和期望的质量的比较。如果二者相等，此次经历的质量可以理解为顾客基本接受或符合预期，顾客得到了期望的产品与服务，顾客满意。如果顾客获得的体验高于期望，质量是正向的；如果低于期望，质量似乎是负向的。我们以顾客分别去豪华度假型酒店和经济型旅馆经历为例，如果豪华型度假酒店不能提供满足顾客预期的优质服务，而经济型旅馆提供的服务被认为超越了廉价酒店所提供的服务，那么根据上面对质量的理解，经济型旅馆提供的经历对顾客而言具有更高的质量。

根据以上分析，我们用 Qe 表示顾客对经历的评价，即质量。Qe 等于企业实际提供的质量 Qed，减去顾客期望的质量 Qee。如果企业实际提供的和顾客期望的质量相符，质量不为零且高于平均或正常水平。换句话说，如果质量高于平均或正常水平，顾客会满意；如果低于平均或正常水平，顾客会不满意。

$$Qe = Qed - Qee$$

可以看到等式的右边，顾客感知质量受顾客期望和企业表现共同影响。如果 Qe 足够高，顾客将会有独特的、难忘的、惊喜的经历。

质量与成本或价值无关。质量可以高，成本也可以高；但同时，质量可以高，成本也可以不高。

1. 价值（value）

顾客经历的价值（Ve）等于上面公式计算出的顾客感知质量（Qe）除以顾客为了获得这次经历支付的成本，即：

$$Ve = Qe \div 顾客支付成本$$

如果顾客感知质量和支付成本基本相等，顾客经历价值将符合预期或可以接受；顾客对于这种物有所值的公平价值基本满意，但不会产生惊喜。低质量低成本、高质量高成本，对于顾客的满意度来讲没有差异，因为只有在企业通过额外的服务或产品且在没有增加顾客成本的情况下，才能增加顾客经历的价值。

2. 成本

顾客在餐厅用餐的成本差异来自于所点菜品价格的差异。此外，有经验的管理者也知道顾客还会有其他不可量化的成本，比如机会成本，选择我们餐厅而错失其他餐厅的用餐机会。因此，任何顾客所花费的时间及与之相关的风险都应计入此次交易的成本。顾客时间也许不能完全转化为货币价格，但对于顾客来讲时间是非常重要的成本（如花时间前往餐厅、排队等候时间、等待服务时间等）。

最后，顾客到某一餐厅用餐可能还存在其他潜在风险，虽然可能不是很重要的成本，如不能满足顾客期望的风险，或者服务人员在顾客会见重要客人时出现尴尬情形。

所有这些有形与无形、财务与非财务的成本共同组成了顾客此次经历的成本，他们决定了顾客的总支出与费用。

3. 质量的成本

对于企业来说，更关心的另一个话题是，质量的成本是多少。有意思的是，企业在测量质量成本时，不是根据企业提供高质量服务会耗费多少成本，而是比较企业如果不提供质量保证可以节约多少成本。如果企业认为差的服务会导致失误成本、补偿顾客、流失顾客、降低员工士气、负面口碑等消极影响，质量的成本实际上很低，而不提供质量保证的成本实际很高。这也是为什么杰出企业不惜花费更多资源实现两个互补目标：提供惊喜超越顾客期望、预防服务失误。

4. 谁界定质量与价值

由于服务是无形的，且顾客期望在不断变化中，很难订立客观的质量标准（价值因此也不容易界定）。在一些企业中，质量检测人员可能在顾客接触到产品前检测并判断产品质量；但对于众多的服务企业而言，只有顾客能够界定质量和价值。哪怕企业自认为可以设计好的服务、环境和传递系统，抑或制定可控的质量标准，如果顾客对这其中的任意因素不满，企业就没有满足顾客期望，也就是说没有提供顾客可以接受的质量和价值经历。

当然，如果顾客感觉期望没有得到满足时，服务企业可以通过提供承诺或誓言帮助顾客感知质量和价值。以星巴克为例，在其广告语中承诺为顾客提供优质价值，"物超所值，值得拥有"。星巴克在其有形产品基础上，增加了这一无形优质品质承诺："您的每一次经历都应该是完美的。如果不是，请让我们知道，我们会竭尽所能让它成为完美的经历。"

对于服务企业来讲，最大和最值得兴奋的挑战在于，满足并超越具有不同需求、愿望、经历、能力和情感的各种类型顾客的期望。如果服务企业管理者不能坚信顾客是对的（至少在客人心目中是这样感觉），那么最好选择新的职业生涯领域。即便顾客真的出现了错误，管理者也要尽可能寻求一种解决途径让顾客感觉有尊严，也只有这样，顾客的自尊心、经历的满意程度，以及企业才不会受到负面影响。

关键词汇

服务质量　有形性　无形性　期望　抱怨　价值　成本

复习讨论题

1. 试从广义和狭义分析服务质量概念，可举例说明。

2. 如何理解服务质量的有形性和无形性？

3. 如何理解顾客期望与服务质量的关系？

4. 顾客抱怨通常来自哪些方面？

5. 如何理解质量、价值与成本的关系？是不是成本越高，价值越高，质量越高，或反之，为什么？

6. 如何理解服务质量与顾客满意关系？

第 6 章　服务系统设计与质量评价

学习目标 / Learning Objectives

1. 服务体系规划设计工具与方法。

2. 顾客过程中质量评价与管理方法。

3. 顾客离开后质量评价与管理方法。

6.1　服务系统设计的基础

6.1.1　顾客接触

有很多不同类型的顾客和顾客服务。顾客因应多个因素而有不同的期望。了解顾客的方法之一，是将他们分为高接触类顾客和低接触类顾客。高接触类顾客（high-touch customers）需要更多的服务互动。这些顾客期待通过高水平服务获得良好的顾客体验。大多数情况下，他们认为服务中应体现更多的互动。如果没有体验到高水平的互动，他们可能会不满意。而顾客在没有得到帮助的情况下可能无法完成互动。

高接触类服务的例子：

- 银行大厅。
- 专卖店。
- 酒店大堂。
- 购买房产。
- 律师和会计师。
- 有声望的餐厅。

与此同时，在有选择的情况下，一些顾客会选择较少接触的体验，甚至可能会反感被要求去参与高接触的互动。低接触类顾客（low-touch customers）期望较少的服务互动。由于技术的发展，高科技环境下往往不需要太多的服务接触与互动，成本相对较低。

低接触类服务的例子：

- 派克通行证（pike passes，在付费高速公路上使用的借记卡）。
- 自动柜员机。
- 租赁车快速结账。
- 在电视上查看酒店账单和快速结账。
- 油箱旁直接为汽油付费。
- 快餐店免下车服务窗口。
- 自助操作的复印店。
- 在线账单支付和账户管理。
- 自助结账。
- 下载音乐或铃声。

如果顾客对这种低接触类服务感到满意，这时要求他们参与高接触类服务是不合适的。顾客由于各种原因会倾向于选择低接触类服务，比如，一个带着小孩的母亲可能会选择去银行的免下车窗口办理业务，因为这个方式比带着她的孩子进去银行里面办理业务要方便得多。如果她到银行时被告知她的交易业务必须在银行里面完成，那么她可能会感到困扰而推迟完成此交易业务的时间。如果这种情况经常发生，她可能会换一家能满足她需求的提供便捷服务的银行。

6.1.2　顾客服务过程系统设计

丽思卡尔顿酒店集团前首席运营官霍斯特·舒尔茨先生经常讲述一个故事，关于管理团队如何处理叫餐服务所导致的投诉。故事的起因是酒店在某段时期经常遭受由于送餐时间过长，导致餐品送入房间后已经变凉或口感变差的早餐送餐服务投诉。一般来说，面对这种情况，大多数管理者会首先责备员工为什么拖拉行事，要求员工在规定时间内把餐食送达客房。但舒尔茨和同事却从另一角度深入研究这一投诉，通过团队讨论及实地排查，最终确定原因在于楼层布草不足，导致早餐时段因为频繁使用电梯运送布草，而大大增加了送餐电梯的等候时间。

这个故事至少在以下方面给予管理者启示：首先，由于时间、精力、信息等所限，管理者倾向于根据自己的假设做出判断，"改变人就可以解决问题"，事实上往往并非如此；其次，员工比管理者更有机会发现产生问题的根本原因，由于员工在对客服务一线，有更多机会接触顾客和问题，因此我们要积极倾听员工建议；最后，每个问题应从"系统"的角度查找原因，而不是从"人"的角度寻求解决方法，即便员工训练有素，体系如果出现失误同样于事无补。

服务体系设计包括顾客经历的所有方面——产品和服务，场景或环境，以及服务传递系统。管理者应从这三个方面设计整个过程。设计满足顾客期望的产品，并通过训练有素、热情积极的员工在良好环境或场景设计下提供给顾客，这是必需的，但并非充分条件。提供顾客完美体验的核心在于企业要兼顾整个服务体系，即整合了各种要素的服务传递全过程，从而符合顾客预期。

李察·麦特（Richard Metters）和安·马鲁克（Ann Maruchek）指出："无论在企业还是行业层面，迫切需要细致研究如何指导服务管理人员在提高设计、竞争力、效率和服务传递有效性。"实现顾客满意、避免服务失误很大程度上取决于服务体系的设计。每一个服务企业都应花费时间和精力认真研究服务体系设计是否合理高效，这是一个非常重要的话题。

随着全面质量管理理论与实践的发展，越来越多的企业领导者意识到质量管理应强调全员而不仅仅是质量管理部门对质量负责。首先，全面质量管理的实现需要考虑企业整个体系——从最初的设计，包括使用何种原材料、需要哪些必须输入，直到产品的生产完成。其次，每一位员工都需要对质量传递与测量负责，而对于服务企业来讲，就是全员需要对顾客经历负责。最后，责备员工前，需要检测系统是否有问题。服务企业管理者必须全力以赴寻找问题根源所在，并针对原因制定解决方案，以确保未来不发生同类事件，而这些根本原因往往存在于服务体系中。

很多时候，管理者总是认为员工制造了失误，而其实现实中是由于不完善的体系导致了失误。每当我们与酒店、餐厅或其他服务企业一线员工交流时，都能深切感受到他们由于服务体系支撑不够，在服务提供过程中的挫折感，而事实上他们每一位员工都很想做好。服务体系如果出现问题，那么身处其中的每一个人都不会成功，顾客不高兴，员工倍感受挫，企业失去顾客和利润。

好的服务体系设计首先源于细致规划。认真分析并仔细列出服务过程的每一个环节和步骤，将有助于企业成为行业佼佼者。

服务标准（service standards）应该在服务体系设计前制定好。服务标准是企业的期望，如何将服务经历的各个方面每时每刻传递给给每位顾客。服务标准的制定应符合 SMART 标准：即针对性（Specific）、可测量（Measurable）、可达性（Attainable）、结果导向（Results-oriented）、时间界限（Time-bound）。接待服务业有一些广泛应用的服务标准，如 20 分钟内完成房间送餐服务、6 分钟内完成酒店入住登记手续（包括等候时间）等。

6.2　服务系统设计的方法

体系设计关注将服务的每一个步骤呈现出来，同时需要明确相应的服务标准。体系设计始终源于顾客，通常来讲应该从顾客开始感知企业有能力满足其某项需求的服务点开始设计。顾客的期望也就是从那个点开始，远远早于顾客到达企业之前。

6.2.1　服务蓝图

服务蓝图（blueprinting）是最常用的服务体系设计工具之一。整个服务传递过程及其子过程都在蓝图中呈现，正如人们盖房子需要计划指导如何进行。事实上，好的蓝图界定了每一个步骤和行动，不仅仅是服务传递系统，而应是顾客从进入到离开企业的全程经历。

典型服务蓝图由 5 个部分组成：

- 有形证据。服务经历的有形物质构成会影响顾客对质量和价值的评价。
- 顾客行为。顾客行为是服务蓝图建立的驱动力。
- 前台/可见行为。顾客与员工面对面接触、且顾客可以看见的部分。
- 后台/不可见行为。顾客与员工接触，但顾客并不可见的员工的具体行为（如顾客打电话进行预订）。
- 支持过程。提供服务所必需的活动，但并没有直接与顾客接触（如信息系统、菜品传递、员工工资管理等）。

服务蓝图可以从顾客经历开始至结束的每一个步骤都清晰列出，以及可能需要临时变化的解决方案。最容易发生服务失误的节点应该清晰标注，提示系统注意。

服务蓝图应包括提供每项服务的时间要求，以及顾客整个经历的时间要求。如果一项优质的服务在 20 分钟内完成，可能顾客会感觉有点仓促；如果在 1 个小时内，不多也不少，顾客感觉会满意；如果需 2 个小时，估计顾客再也不回来了。

最后需要明确的是，服务蓝图不仅是让顾客满意，同时也是企业实现盈利目标的重要工具。依据好的服务蓝图，企业可以在实现顾客经历质量和价值保证的同时实现企业目标。

6.2.2　通用服务地图

通用服务地图（the Universal Service Map）是服务蓝图更深入与更细致的展示，可以应用于各种服务环境。以酒店预订为例，通用服务地图的绘制从顾客打通客服电话就已开始了。

通用服务地图中，顾客在最上面，商业活动的管理活动在下面。这不仅仅是形象上的展示，更表明了满意的顾客是企业永无止境的追求。

1. 内部互动线

在通用服务地图中，三条重要的线将整张图分为不同区域。最下面的是内部互动线，代表了实现顾客经历的这些活动必须在企业内部完成。这个区域是企业后台为一线员工完成顾客经历所提供支持与支撑的活动。通常来讲，顾客是看不到这些活动是如何完成的，但是其对顾客经历的影响是不可忽视的。

2. 可见线

通用服务地图中间的一条是可见线。这条线将企业活动分为顾客可见部分和不可见部分。线以下是顾客不可见活动，由企业后台员工完成。尽管这些服务传递活动顾客不可见，但是必须注意服务失误很容易在这些环节产生。事实上，后台员工必须明确一线服务人员的要求意味着顾客需求，只有这样，一线员工才会尽全力满足顾客需求。分别在这条线两侧的一线服务提供者和支持部门员工需要处理好沟通问题和系统故障问题，也需要管理层足够的重视。

3. 顾客互动线

通用服务地图中最上面的一条是顾客互动线，它将活动区分为顾客的行为和员工的行为。这是服务提供者和顾客之间的互动，也即共同创造的过程。管理者可以通过这些活动确定关键事件——即真实瞬间（moment of truth）——影响顾客对企业评价的所有关键环节。通过关注这些关键行为，管理者可以尽其所能地影响顾客的决定使其愿意再次光顾企业。

6.3　顾客经历过程中的质量评价与管理

服务体系已经设计好，顾客也已经到达了，这是企业必须提供顾客期望的经历。企业希望提供优质的服务，但如何知道企业是否实现了这样的服务呢？准确地测量顾客对酒店、餐厅或者其他服务场所经历的感知至关重要。虽然具有困难和挑战性，但企业别无选择。所有的企业都面临顾客不断提高的期望，没有顾客愿意物少所值。这些趋势使得服务质量变得比以往更加重要，企业管理者必须面对顾客期望挑战及竞争增加。

下面我们将会探讨如何从顾客角度感知经历质量，帮助管理者从顾客视角发现问题并提升质量。对于管理者而言，最大的挑战在于如何站在顾客视角、在顾客经历过程中寻找信息并确定用何种方法测量。仅靠事后测量弥补服务失误是不足够的，尽管事后测量是必要的。

制造完美顾客体验的一个关键是企业必须知道哪些服务错误和失败正在发生。如果企业不知道哪里有错误，就很难修复它。因此，监测和测量顾客经历的质量是企业责任的重要组成部分。

最好在顾客到到达前找出服务失误，正是由于组织的细心规划，确保了每位顾客体验的流畅无碍，这是最好的预防失误发生的途径。但是我们知道，不管企业如何细致规划每一顿餐点、每一次会议，失误都是不可避免的。企业需要尽快测量并界定问题，当然要在顾客离开之前，这些信息在顾客脑海中还是比较新鲜及时的。在过程中发现问题有利于企业及时进行服务补救，在顾客离开后发现问题对企业来讲是最被动的，因为此时顾客已经离开，企业失去了在过程中补救的机会。

优秀企业总是致力于在顾客经历过程中持之以恒地测量哪些服务达到了服务标准，哪些还有待改善。这些测量非常有必要，可以告诉我们是否有按预期为顾客提供服务。根据质量专家克罗斯比的观点，没有提供质量的价格是可以计算出来的。这个价格就是，耗费在确定没有第一时间满足质量标准的失误或失败上的费用。尽管有人认为，很难确定如果三声铃响后没有接电话的服务失误导致的成本到底是多少，但克罗斯比等专家认为，确定成本是有需要的。

表6-1总结了企业可以采用的，用于顾客经历过程中质量评价与测量的方法和工具，这些方法的使用有赖于细致的服务标准设计、与标准相匹配的员工培训，以及员工实现或超越标准所应当得到的奖励和鼓励。

表6-1 过程中的质量评价工具

工具	优点	缺点
工作绩效标准	• 将服务标准转化为可以测量的行为 • 提供可供参考的客观奖励标准 • 方便管理者检查或员工自查	• 不能涵盖服务接触的所有方面 • 过度依赖服务标准的约定行为要求，可能会打击员工创造性地解决问题的积极性
管理者观察	• 管理者清晰知晓企业战略、策略、程序、服务标准 • 没有技术或其他费用支出 • 没有对顾客产生不便 • 提供了服务补救机会 • 提供了直接搜集顾客反馈的机会 • 提供了界定问题的机会 • 提供了即时指导或强化员工行为的机会	• 管理者的出现可能会影响员工表现 • 缺乏可靠性和有效性的统计 • 客观评价需要额外培训 • 管理者不一定掌握所处环境的所有有效信息 • 可能占用管理者处理其他事务的时间
员工观察	• 员工掌握处理服务失误的一手知识与资料 • 可以获得顾客对服务的即时反馈 • 没有对顾客产生不便 • 提供了发现并立即界定服务失误的机会 • 员工因获授权而提高了士气 • 提供了搜集顾客详细反馈的机会 • 最少的成本收集数据	• 客观评价需要额外培训 • 员工可能不愿意汇报由于自身导致的问题 • 缺乏统计可靠性和有效性 • 员工对管理者的信任程度会影响其愿意提供哪些信 • 需要组织系统收集/分析顾客反馈
服务承诺	• 顾客有机会了解服务标准并监督企业执行 • 传递员工信号：企业强烈关注质量 • 服务失误记录分析 • 提高顾客投诉的可能性以便界定服务失误之处	• 员工可能会避免提及服务承诺 • 服务产品可能与服务承诺并不能总是一致 • 管理者可能隐藏服务承诺政策以避免负面绩效影响
结构性访谈	• 提供了详细收集顾客反馈的机会 • 能够收集目标顾客有代表性和有效样本 • 提供了服务失误补救的机会 • 展示企业重视对客服务质量	• 需要较多培训与时间投入 • 可能样本并不具有代表性 • 收集大样本有困难且成本高 • 可能会采集不到特定服务细节 • 顾客其他体验经历会影响反馈信息 • 受访者倾向于给予期望的回应 • 为给顾客带来的不便提供激励

6.4 顾客经历过程后的质量评价与管理

企业需要从顾客那里获取有价值的信息以评价企业服务绩效及需要改进之处。企业必须细致、持之以恒地评估顾客经历与感受，以确保持续满足顾客期望。

服务质量可以在顾客经历过程中和离开后进行评价与管理。顾客经历过程中的信息搜集——即管理者和员工在顾客体验过程中将其实际经历与服务标准进行比较——可以提供即时信息及即刻改进。顾客离开后的信息收集会有助于企业积累大数据并获得代表性样本信息。这些信息可以更加细致地对服务体系进行分析，同时将分析结果反馈给体系设计者，以便进行调整与持续改进。

收集顾客信息的方法在成本、便利性、目标性和数据有效性方面存在差异。非正式方法可能会更加简单、便捷，但往往缺乏有效性，正式方法可以提供细致的数据分析，可靠及有价值的顾客信息测量。然而，即使是正式的方法也可能在多变性、精确性、有效性、可靠性、复杂性和管理难度方面存在问题。通常来讲，正式方法比非正式方法成本高。

前面提到的顾客经历过程中质量评价与管理方法，对于实现顾客期望无疑是非常重要的。但为了实现持续改进及规划未来成功服务，企业同样需要利用各种方法在顾客离开后收集信息。以下就是关于如何在顾客离开后或经历完成后搜集信息的几种方法：意见卡、1-800 免费电话、邮件或网络访谈、电话访谈、关键事件访谈、SERVQUAL 量表、顾客焦点小组等。还有一个被称为"神秘购物者"的特殊方法也会介绍到。表 6-2 总结了各种顾客离开后的质量评价工具与方法。

表 6-2 过程后质量评价与管理工具

工具	优点	缺点
意见卡	<ul><li>表达企业关注顾客质量体验</li><li>提供了服务失误的补救机会</li><li>较低启动成本</li><li>最少的数据搜集与整理成本</li><li>如果企业自己印制，可以很容易地修改以对需求或新的服务产品作评估</li></ul>	<ul><li>顾客样本代表性不够</li><li>反馈意见通常是极度满意或极度不满意信息</li><li>信息提供有限</li><li>员工可能影响结果</li><li>意见卡填写与阅读时间的滞后</li><li>针对性的缺乏可能找不到问题所在</li></ul>

（续上表）

工具	优点	缺点
1－800 免费服务电话	• 有机会向潜在的顾客和以往顾客询问意见 • 服务补救机会 • 顾客没有成本	• 顾客样本代表性不够 • 反馈意见通常是极度满意或极度不满意信息 • 经历和打电话之间的时间间隔可能会导致重要信息反馈遗失
访谈：邮件或网络，电话，关键事件	• 获取目标市场中潜在的有代表性的顾客信息 • 提供服务补救机会 • 后续讨论探讨潜在问题以及了解顾客全程经历 • 向顾客传递信息，企业关注质量，愿意花费时间和费用了解顾客感受	• 回忆独特经历的服务细节不一定准确 • 顾客经历可能因时差而产生偏差或混乱 • 需要为给顾客带来的不便提供激励 • 问卷设计、收集、分析的成本大 • 反馈信息有可能仅代表极度满意和不满意的顾客
顾客焦点小组	• 了解顾客全程经历 • 获取目标市场潜在的有代表性顾客信息 • 向顾客传递信息，企业关注质量，愿意花费时间和费用了解顾客感受 • 后续讨论探讨潜在问题，了解由小组确定的问题	• 成本非常高 • 有赖于协调负责人的技巧，鼓励成员参与并聚焦讨论问题 • 小样本可能会导致对重要问题的错误理解，或非重要问题的过度关注
神秘购物者	• 员工未知情况下，企业可以获得真实顾客经历 • 可以设计好观察或检查某一项培训产出或问题领域 • 可以用于观察竞争对手 • 更加细致的顾客经历数据 • 客观的评价经历 • 更加准确的顾客反馈 • 员工认为顾客反馈比管理者评价更加客观	• 成本高 • 不能经常使用，较难获得统计准确数据 • 购物者偏见、其他经历和偏好都可能导致评价质量过高或过低

6.5　选择并应用合适的方法与工具

　　表6－1和6－2为我们提供了一个质量评价与管理方面各种方法的优劣势的概览。企业应该选择恰当的工具与方法实现目标。例如，一家奢华型度假酒店会花费更多的耐心与费用去测量顾客反馈，因为任何的不良服务都会有损酒店声

誉，有损连锁酒店品牌，以及员工的工作稳定性。酒店发现和即时更正服务失误、满足顾客期望的价值是巨大的；而未能满足顾客期望的代价也是巨大的，企业会很快发现自己在多变的市场中失去竞争力。另一方面，一些小的独立企业，如餐馆可能更喜欢直接与顾客接触，询问顾客感受，而不需要特别复杂的质量评价工具。

各种方法在成本和专业水平要求方面也存在差异。很重要的一个问题是要搞清楚谁负责收集信息：一线员工、管理者、咨询专家或专业调查机构。员工和管理者收集信息是成本最低的方式，但专业性、沟通技巧或访谈有效性相对较低。采用咨询专家、专业调查机构的成本较高，但他们具有更好应用复杂工具搜集和解释细致信息的能力。

最后，企业也需要搞清楚何时需要反馈。信息的收集是在服务提供过程中还是结束后？优秀的企业不会局限于某一时间，而是贯穿顾客经历全过程。在顾客经历过程中搜集信息（与顾客交流，通过管理者走动式管理，监测与服务标准与服务承诺的吻合程度，员工观察顾客经历，通过信息技术获取顾客即时评价等）帮助企业及时响应问题。这些信息可能并不能进行深入分析（至少在获取信息当时），因为需要快速决策，回应顾客关注点。顾客经历后的信息收集（分析意见卡、1－800 免费服务电话、访谈、神秘购物者等）有助于企业获取更加细致的质量信息。花费时间分析顾客反馈信息有助于企业把握顾客服务与关注趋势，发现问题可能出现的领域，及时更正服务失误以免出现更大及范围更广的错误。

关键词汇

高接触类顾客   低接触类顾客   服务标准   服务蓝图   通用服务地图
真实瞬间

复习讨论题

1. 试分析高接触类顾客和低接触类顾客期望的区别与差异。
2. 什么是服务标准？如何理解服务标准对于服务体系设计的作用？
3. 什么是服务蓝图法？服务蓝图的五个构成部分是什么？
4. 什么是通用服务地图法？如何理解通用服务地图中的三条线含义？
5. 顾客经历过程中的质量评价工具有哪些？各自的优缺点是什么？
6. 顾客离开后的质量评价工具有哪些？各自的优缺点是什么？

第 7 章　顾客服务中的授权

学习目标 / Learning Objectives

1. 列举授权的例子。

2. 解释使命和目的声明的重要性。

3. 界定协同合作和自给自足。

4. 在公司里创建协同合作的典范。

5. 讨论设计良好的顾客服务系统的重要性。

7.1 授权员工

7.1.1 什么是授权

企业努力留住现有顾客并吸引潜在新顾客时，管理层需要寻找超越传统的策略。在顾客服务行业有重要影响的一种新方法是授权。在顾客服务中，授权（empowerment）是指允许顾客服务提供者主观地做出一系列的决定来帮助他们的顾客。服务提供者不断面临顾客个性化的、超出现有策略边界的状况。通过授权，服务提供者可以自行决定如何更好地帮助他们的顾客。

授权允许服务提供者决定他们是否应该满足顾客的要求。通常情况下，当顾客联系一家公司并进行询问时，他们已经向负责接听电话的人详细解释了他们的情况。如果接听电话者真正被授权，他们可以在一定范围内决定如何解决问题。如果服务提供者必须让顾客等待主管的答复，每个人都是输家。顾客必须等待答复或者重述一遍，服务提供者被剥夺了他们的日常职责，感觉就像无助的中间人，而主管只能听到对情况的匆忙复述。这种情况可以通过授权来避免。

7.1.2 授权的目的

授权是一种必须反映在商业文化中的哲学。文化是由一群人共享的价值观、信仰和规范组成的。在一个"被授权的文化"中，员工知道自己的权力有多大。他们接受过各种可能解决问题的方法的训练，他们知道他们的上司愿意接受他们的决定。所有与顾客打交道的企业都应该有一份关于使命和目的的官方声明。这个陈述表达了目的（purpose）——组织存在的理由，和使命（mission）——组织实现其目的的手段。

7.1.3 授权的机会

授权之下隐藏着真正的机会。顾客服务提供者与大量的顾客打交道，他们往往知道最常见的问题和相关解决方案。如果被赋予可以处理更多的常规问题的权力，服务提供者便有更多的时间应对突发状况，便能更好地服务顾客。授权同时也节省了主管的时间，提高了效率，更高效地解决棘手紧急的问题，更快地应对顾客的需求。

在一家当地银行，所有的柜员每个月都获分配100美元的顾客服务金，这些钱是用来补偿那些因服务不周、服务不当而蒙受损失或者超长时间等待的顾客，柜员可以在他们认为合适的时候使用这些准备金，他们可以给顾客赠送鲜花、牛排晚餐、棒球票或者其他可以略表心意的物品。同时他们必须记录这些钱的用途、顾客姓名及使用原因。

一些公共事业公司通过以下方式来给服务提供者授权：让服务提供者切身了解顾客的实际情况并给出更符合实际经济需求的特殊付款安排。同时每天鼓励员工给顾客赠送不同类型的卡片。这些卡片可以写上一些顾客的好消息比如孩子出生或者乔迁新家以表达祝愿；或者可以更简洁一点，只写上"恭喜""抱歉""祝好"之类。这些卡片的目的都是为了拉近和顾客的关系，让他们和公司某个职员建立更多真实的联系。

7.2 授权的过程

授权不可能一步到位，这是公司不断建立指导方针，进行员工培训，承担后果，对积极结果及时奖励等持之以恒的结果。当我们在组织进行授权时，可以考虑以下建议：

- 构建一个期待完成目标的蓝图。这个蓝图可以是对你的组织想要完成的目标及其意义的有效提醒。
- 允许员工行使他们自己的权力。主动让他们承担责任并对他们的决定进行反馈。当发生错误时，不要急着惩罚，反而要再训练他们，如果员工害怕受到惩罚的话，他们很可能会避免使用权力。
- 进行合适的激励。树立正面的授权，你可以在授权的过程中贯穿对组织使命的遵循。
- 做好长期的准备。正面的反馈可能并不会很快出现，但是他们值得等待。

7.2.1 顾客服务参与

另一种在顾客服务中可考虑授权的方式是给顾客授权，当顾客参与到为自己提供的服务中时，协同合作（coproduction）便出现了。顾客总是对服务提供过程感兴趣并乐于参与其中。

协同合作的例子：

- 自助沙拉吧。
- 自助酒水间。
- 无人售卖超市。
- 在线查询孩子成绩。
- 大学里的自由选课。
- 在等待医生的时候，主动填写药物和保险信息。
- 自动查询账户信息。
- 自动填写存款单事项。
- 拨打顾客服务热线。

- 自动汽油付费。

优质的顾客服务系统应该允许甚至鼓励顾客为自己提供服务，在其他条件都是平等的情况下，当顾客更多地参与进来时，系统就会更加有效率地运行。

协同合作中隐含的一个概念是顾客的自给自足（self-sufficiency）。自给自足发生在当顾客能够使用这个系统更好地为自己的需求进行服务时，顾客满意度将大大增强。随着市场的发展，顾客越来越愿意参与到为自己服务的过程中。善于观察的企业已经或正在为顾客提供工具，以成功地实现它们所期望的顾客服务水平。这些工具包括：

- 自我检查。
- "建立你自己的一切"。
- 在线保修。
- 指令。
- 视频教程。
- 自动发送可用的银行余额。
- 网上支付账单。
- 航运跟踪信息。
- 通过条码扫描完成处方。

协同合作和自给自足的主要区别在于协同合作通常在指定的时间（比如等待预约的时候医生会翻看文件），而自给自足则是在顾客希望访问的时间和地点满足他。自给自足式服务尝试着努力给顾客额外的自由。当用户使用需要查看用户手册的设备时，与其从抽屉里找出一本旧的用户手册，还不如上网搜索。为了应对这一新兴趋势，得克萨斯州的一家摄影用品公司不再提供保修单或其他服务产品说明书而是通过网络发送。顾客购买产品时候，可以通过一个链接在线获得电子说明书。所有的产品信息都在官网上发布，顾客进行简单的搜索就会得到所需的信息。顾客对这家公司为他们提供服务的方式所做出的这种简单改变感到满意。当顾客能够体验到积极的服务并且需要这种服务时，顾客满意度就会提高。

7.2.2　共同创造服务

协同合作之所以有效，是因为当顾客参与到生产过程中时，他们拥有一定程度上的所有权。从某种意义上说，他们对它的成功做出了贡献。协同合作有效的原因不仅是因为顾客拥有了顾客服务的经验，也因为他们保持了主动性，而不是觉得自己在被动地、无休止地等待或被强加服务。此外，顾客参与使服务提供者有了一个分担工作和责任的人，使其能压力较小地完美执行工作。

合作不是让顾客做所有的工作而是要建立一种伙伴关系。在美国，协同合作不等同于抛弃你的顾客，不愿意提供帮助或面面相觑。如果一个系统是为协同合作而设计的，当其中的某些过程不到位，系统就会出现故障，一项需要顾客在商店里填写订单以完成销售的业务，却没有提供铅笔或订单，将不能成功地授权给顾客。在这种情况下协同合作是不可能成功的。

协同合作并不适用于所有的服务情况或者所有的顾客。在一个高端的环境中，期望顾客会主动参与自主服务是不合适的。顾客可能认为他们已经付费（或者打算付费）给别人来获得服务。

以下是一些帮助顾客可以更好地协同合作的技巧：

● 让打电话的人做好准备。你想过为什么当你拨打邮购电话时会被暂时搁置，然后一个悦耳的声音提醒你要准备好商品目录和信用卡吗？这家公司非常巧妙地提醒你要成为一个合作者。

● 重复重要信息。请顾客对他们在窗口下单的产品进行确认，这可以有效纠正失误，而顾客在改变决定前应三思。

● 培训顾客成为合作者。做些简单的提醒，比如在需要填写的表格上印上说明、对标志作突出显示、在折扣店标明"快速通道"、让在餐厅等待就座的顾客先浏览菜单、把购物车返回区设置在停车场（旁边立一个感谢顾客推车的牌子），等等。当顾客知道你对他们的期望时，他们可以更快更有效地帮助你。

告诉顾客为什么他们应该协同合作：如果顾客明白参与其中的每个人如何从合作中获益，他们更有可能踊跃参与。

7.3　系统设计

授权和协同合作是顾客服务中不会自然发生的两个环节，它们必须通过顾客服务系统精心设计出来，顾客服务系统（customer service system）是提升顾客服务满意度的一套流程，不是所有的顾客服务系统都可以效地运行和工作，它们必须被合理地设计。然而，很多系统是根据特定人的特定要求被设计出来的，而且其程序没有升级过。通常来讲，设计系统的人并不是真正使用系统的人，而设计这个系统最合适的人选应该是长期从事于这项工作的人，他可以看到长远的规划并致力于推动这个流程。如果问题重复出现，那么现有顾客服务系统就需要更新。

以下六条指南有助于设计一个有效的顾客服务系统：

● 明确目标。清楚知道新系统需要什么或者原有系统需要更新什么。

● 列出方案。列出设计或者改进系统所需要的步骤。

● 检查步骤。通过使命和目的声明来明确你始终坚持公司的目标。

- 寻找授权的方法。包括提供者和顾客两个方面，并减少不必要的步骤。
- 创造文化。支持授权的进行。
- 检测系统的有效性。当系统运行一段时间之后对其有效性进行检验。

关键词汇

授权　目的　使命　协同合作　自给自足　顾客服务系统

复习讨论题

1. 举出三个协同合作的例子，并解释协同合作和自给自足有什么不同。
2. 在建立一个有效的顾客满意系统时有什么指南吗？
3. 如何升级现有系统或者创造新的系统来增强顾客满意度？
4. 哪些商业模式对协同合作来说是更有效的？
5. 写下你的班级或者院系的使命和目的。
6. 解释授权是什么。
7. 授权的缺失如何影响服务提供者的能力从而影响顾客满意度？
8. 为什么现有组织存在很多无效的系统？
9. 以你的经验看，顾客会愿意参与一部分自我服务吗？为什么？
10. 为什么有些个体抵触新系统？

第 8 章　顾客服务中的沟通

学习目标 / Learning Objectives

1. 阐述沟通与顾客服务之间的关系。

2. 定义顾客智库。

3. 讨论关系营销的好处。

4. 列出五个主要的沟通方法。

5. 运用语调的变换以求更为准确地传递信息。

6. 创造自己独有的常用词和禁用词词库。

8.1　什么是沟通

开展顾客服务工作需要具备有效沟通的能力。沟通（communication）是两个或以上的人分享信息、交换意见并相互理解的过程。而往往一些人认为他们是在沟通，但实际上却并没有理解对方。顾客服务人员必须提高自身的沟通技巧，这样才能熟练运用各种沟通方法。

在顾客服务人员尚不清楚他们的顾客是谁的情况下，想进行有效的沟通就变得更为困难。而创建顾客智库（customer intelligence）就是一种加深对顾客了解的方法。顾客智库是整合信息、建立顾客数据库以了解现有的、潜在的和流失顾客的过程。顾客智库会帮助企业，尤其是顾客服务提供商更好地为顾客提供服务，帮助企业针对特定顾客调整服务和服务方法。在不同企业提供相同服务或产品的情况下，为什么许多顾客更加忠诚于某一家公司？大多数企业经营者也已经意识到了挖掘其背后原因的重要性。如今在建立顾客智库的时候，顾客参与度比起以往任何时候都要高。

多年以来，企业一直在寻找能够回馈顾客的支持和忠诚的最佳方法。许多企业已经找到了能够在此过程中汇集顾客信息的最佳方法。有针对性的回馈计划会提供给顾客申请不同奖励的机会。这也可能是一个跟进顾客的购买活动和回馈他们忠实度的有效方法。CVS（一家美国药店品牌）、美鹰傲飞、杰西潘尼，以及许多连锁酒店和其他类型的公司都凭着这一策略取得了成功。在吸引顾客再次购买商品时，它们就会利用进一步提供服务的机会收集相关信息，这既能为顾客省钱，又能方便企业继续建立顾客智库。这样做最大的好处就是会让顾客觉得公司感激他们的支持。

发展顾客智库必须获得顾客的真实信息。碎片化的顾客信息可能会导致片面的顾客观。在此情况下，没有任何信息比不准确的信息更好。

顾客智库能够提高关系营销能力。关系营销（relationship marketing）是与顾客建立一段长久互利关系的过程。许多企业掌握着大量有用的顾客信息，但它们还没认识到这些顾客数据体现出的重要意义。顾客智库包含顾客购买的方式、疑问产生的具体时间、预期的互动程度、购买习惯和期望等。无论是在私人关系还是商业关系中，我们对对方越了解，就越能更好地与之沟通。我们越积极、越恰当地与顾客进行沟通，就越能为他们提供优质的服务。

顾客智库进一步推动细分市场。市场细分是指依据顾客不同的特性将其划分为不同的群体。顾客智库不仅研究现有顾客，还包括那些流失的顾客。

最后，在新的信息和趋势出现的同时，顾客智库还会不断地发展更新。

8.2　沟通的技巧

增强沟通技巧可以使客服与顾客利用有助于理解的方式进行沟通。把倾听、书写、交谈、阅读和非语言表达这五种沟通方法用于我们的日常生活是与顾客沟通的最佳手段。

- 倾听（listening）：倾听和理解说话者的能力。
- 书写（writing）：通过书面文字来让他人了解意图传达的信息。
- 交谈（talking）：运用通俗易懂的词汇和术语进行对话。
- 阅读（reading）：阅读和理解书面文字的能力。
- 非言语性表达（nonverbal expression）：语音语调、面部表情、姿势姿态、眼神等。非言语性表达可能会导致用其他沟通方法传递的信息产生相反的含义。

以上所有的沟通方法都能在顾客服务中运用。顾客服务人员必须不断地提高自身的沟通技巧。不同的场合需要运用不同的沟通方法，而倾听则是众多沟通方法中最重要的一个。

8.2.1　倾听

倾听你的顾客就是让他们知道你关心和尊重他们的疑问和担忧。要做一个好的倾听者并不容易，提高倾听技巧需要你全身心的投入和不断练习。倾听是一项需要不断加强的技能。

倾听过程中还存在着一些障碍。倾听者可能会被对方的话分散注意力，也可能会对说话者和所说的内容带有偏见，还可能喋喋不休，甚至可能懒得或不愿去做一个好的倾听者。

许多人认为我们生活所处的视觉环境导致了我们的注意力只能维持很短的时间。我们已习惯于广告的干扰和遥控器上的暂停键，以至于发现自己很难专注于倾听。使注意力集中在说话者身上而不被转移的最好办法就是专心致志。我们思考的速度要比说话快上 10 倍，所以经常是我们已经消化完说话者所说的内容然后等他们来赶上我们的思维。把注意力集中在说话者和所说的内容上，我们才能尽可能避免错过他们所要传递的信息。

我们必须避免视觉上的干扰——墙上的时钟、手指上的伤口、走廊正在发生的事情、你的日常工作清单都可能使你的注意力转移。视觉是很具吸引力的，因为它们可以不费吹灰之力就让你的大脑产生新想法。所有的这些都会减损我们倾听对方说话的能力。

封闭性心理对于倾听来说是个巨大挑战。每个人都有思想、信念和价值观，因此我们所想的、所坚信的都可能会妨碍我们倾听他人所说的话。好的倾听者会仔细思考对方说的话，并且不会匆忙下结论。当我们接受新思想时，我们就能了解到新事物和新观点。

倾听需要倾听者停止说话，去听说话者说话。通常情况下，沟通产生问题的原因，往往是说话者正在说明情况而倾听者却在其结束讲话前就将其打断。有人说人类之所以有两只耳朵和一张嘴是因为我们应当少说而多听。付诸实践并没有那么简单。在倾听某人说话时，你应该先让说话者完成说话内容而不是先给出回应。另外，学会观察。留意说话者讲话过程中的停顿，那可能表明说话者完成了讲话。同样的，在回应前要等待至说话者停止讲话。

一个好的倾听者应该：

- 表现出诚意。
- 绝不打断他人的思路。
- 学会点头。
- 让对方独自完成讲话。
- 复述对方的话以确认。
- 身体向说话者倾斜。
- 给予正面的评价。
- 积极的眼神接触。

以下几种方法可以提高你的倾听技巧：

- 关注说话者及其讲话内容。
- 看着说话者，最好保持眼神接触。如果你是在接听电话，记得做好笔记。
- 虚心倾听。
- 重述对方的话，表明你了解了对方传递的信息。
- 控制你的肢体语言。不要显示出不耐烦和不赞成的样子。
- 好的倾听者懂得和别人分享和交流的乐趣。让我们努力成为更好的倾听者！

8.2.2　语调的变化

许多善于交流的人曾经也很难向别人传递口头信息。如果别人经常叫你重复你说过的话，或者是在你说完话前打断你，又或者是不认真对待你说的话，问题可能出在你的语调上。语调变化（voice inflection）是指音高、节奏或音量的变化。音高（pitch）是指声调的高和低。一项全国调查显示，美国人最讨厌的说话语调是哭嚷的、抱怨的，或者是唠叨的语气说话，还有尖锐的、刺耳的声音，或者是嘟嘟哝哝，以及说得太快等。

电话可能会放大你声音上的一些问题。同时，你的声音和所传递的信息将会显示出你的一些性格特点。

显示出的某些特点是：

- 工作满意度。

- 态度。

- 性别。

- 受教育程度。

- 知识水平。

- 工作效率和反应速度。

- 自信程度。

- 你来自于哪个地区。

- 身份。

- 精力。

- 心情。

许多人认为我们的声音也反映出我们的个性。为了说明语调变化的魅力，尝试以下练习，用正常语调阅读以下句子："约翰解决了这个软件问题。"用疑问的语气重复一遍，然后是像说秘密一样的，接着是惊讶的。不同语调所表达的意思会不同，不同语调可以传递出不同的信息。

尝试使用以下方法来提高语调变化的运用能力：

- 把你的声音录制下来。

- 向朋友寻求帮助。

- 有意识地去提高。

- 坚持听你自己的声音。由于我们很容易就会重新陷入旧习惯，所以语调变化技巧需要不断进行练习！

8.2.3　电话与顾客服务

和顾客通电话其实是在推销自己。大多数的顾客服务交流活动都是通过电话进行的。所以，顾客服务人员必须有出色的电话接听交流技巧。用电话与顾客进行交流时，面对面交流的优势就不存在了，因为失去了视觉和肢体语言的辅助。相反，交流者只能利用自己的倾听技巧，有效回应顾客问题的能力，以及语调变化来完成对话。

以下是顺利接听电话的七个步骤：

1. 微笑！如果你的脸上带有微笑，你的声音会听起来更加友好。

2. 以热情专业的问候开始接听电话。你的整个对话效果取决于你留下的第一印象。

（1）问候来电者。

（2）说明你的组织或部门。

（3）自我介绍。

（4）提供你的帮助。

3. 有任何不清楚的地方一定要提出来；如果需要其他信息，就提出来并说明需要的理由。

4. 尽快给出回复和帮助。如果你不能解决或是回答这个问题，就让顾客了解之后的程序。

5. 致谢来电者。询问对方是否需要进一步的帮助。

6. 以积极的态度结束电话。把每通电话当作建立新关系的开始。

7. 为了确保顾客满意对话结果，以及你承诺的一切都已兑现，一定要拨打跟进电话！

当你与顾客在电话中进行交流时，条理性是极为重要的。为了做到更有条理，记住以下几点：

- 常备一个记事本，以便做笔记和尽快记下顾客的名字。
- 了解这个公司的政策或者参考与之相近的公司政策。
- 告知顾客你的名字。
- 练就出色的倾听技巧。
- 再次与顾客联系以确保某些事情确实已经完成。

8.2.4　常用语和禁用语

与顾客打交道时，使用某些语言要更加积极和恰当。我们与他人讲话时大多数人会使用非常消极和贬义的语言。如果我们要与顾客进行交流，我们必须要斟酌用词，以便我们创造一个更加积极的交流环境。

某些顾客服务人员发现在卡片上列出常用语和禁用语是很有帮助的，且方便查找。

表 8 - 1   常用语和禁用语

常用语	禁用语
请	不能
是的	从不
我可以吗	不要
考虑到	你必须
确实	别跟我说不
让咱们来讨论一下	不会
愿意	不符合我们的规定
谢谢您	不该我负责
您	咒骂
我们	脏话
感激	问题
可以	抱歉
用顾客的名字	爱称（例如宝贝等）
您愿意吗	我们尽力
机会	没时间
挑战	我不知道
遗憾	稍等一下

8.2.5   富有感染力的语言

使用富有感染力的语言，我们可以让顾客知道他们的重要性，而且我们重视他们的想法。这里有十句富有感染力的语言：

- 多亏您的专业知识。
- 多么独特的建议！
- 我希望你能好好考虑。
- 请。
- 完全正确！
- 如果我能占用您的一点时间。
- 我可以吗？
- 正如您了解到的那样。
- 想听听您的意见。
- 如果……我会非常感谢。

在我们与顾客的对话中使用富有感染力的语言，可以让其了解到他们的想法是很重要的。我们还可以让他们知道我们珍视他们的时间和意见。

8.2.6　眼神交流的力量

在我们与他人交谈时进行眼神交流也是很重要的。眼神交流（eye contact）让我们可以与其他人进行眼神接触。在我们的文化中，好的眼神交流表示真诚与兴趣。避免眼神交流可能表明不关心或是不诚实。我们也能通过眼睛表达出同情和关心。如果客服不与顾客进行眼神交流，顾客也许会将其理解为对他们的话不感兴趣。

即使是客服与顾客通过电话沟通，或是在与会员交流时，也必须关注眼神交流。

在跟来自其他文化的人交流时，客服需要了解其中的文化差异。在某些国家，眼神回避是以示尊重的意思。学会体贴他人，但只要允许最好还是要进行眼神交流。

8.2.7　交流时刺激更多感官

试图与顾客进行交流时，尽可能刺激对方更多感官是很有用的。餐馆里的服务员如果生动地向你描述食物并展示给你看，就能使你形成一个极具诱惑力的食物画面。其实他在刺激你的听觉、视觉，甚至还有嗅觉。比起仅仅激发一种感官，多重感官的结合会带来更大的冲击力。这里举一个有关顾客服务的例子：一个顾客拿来一份他或她认为不合理的账单，我们应该让顾客了解开票方法并详细说明这个账单是如何开具的，这样是很有效的。我们吸引越多感官，顾客越可能了解到我们所传递的信息。

客服仅通过电话进行工作时，客服需要清楚地回答顾客的担心并提供相关的书面文件来吸引更多感官。这份文件可以作为电话会话的后续跟进，通过电子邮件或邮寄发送出去。

8.3　沟通与技术

科技进步已经极大地影响和促进了顾客服务行业的发展。客服人员必须了解可以利用的技术。此外，六大科技领域已经出现，且对顾客服务行业有重要影响。互联网、电子邮件、自动通话系统、语音信箱、传真机和短信都是日常生活中经常使用的东西。客服人员必须熟练运用这些技术以便提高工作效率和有效为顾客服务的能力。

8.3.1　互联网

互联网已经成为大多数顾客日常生活的重要部分，而且其用途也逐渐趋于广泛。所有为顾客提供服务的公司都不能忽视其重要性。顾客上网搜索想要购买的商品，货比三家、获取有关疑问的回复、下单、检查订单状态、检查保修单，然后和朋友、熟人在脸书上交谈……这样的例子数不胜数。随着顾客愈加愿意通过互联网寻求顾客服务，公司也必须不断增加和完善有关信息和服务。公司网站作为一项重要的顾客服务用品，产品网址必须正确，网站信息必须有吸引力，更新必须及时，且网站必须简单易使用。一个好的网站可以给公司节省一大笔顾客服务费用，并且能够与其他用以客服的技术相辅相成。电话购物的顾客可能需要在线等待客服的回答，而等待的时间可能就让他们选择线上购物。因此，顾客可能两边同时进行。他们可能还在等着电话，但他们或许还会选择上网——如果他们能轻松地进入这个网站，并能了解到如何下单，这是很可能发生的。为顾客服务的同时下了订单，顾客就不再是沮丧地挂断电话，而是得到了令他们满意的服务。到最后该公司才算是有效地为顾客提供了服务。

8.3.2　电子邮件

许多企业已经把电子邮件程序归入它们的计算机系统。在很多情况下电子邮件已经使人们不再需要那些塞满员工信箱、办公桌和垃圾桶的纸质备忘录。这也缩短了员工与部门间交流的时间。当我们同时与内部顾客和外部顾客交流时，电子邮件或许是最有用的。以前要花上几天才能到达公司的邮件，现在几乎可以马上送达。正如其他用于顾客服务的通信技术一样，电子邮件同样要求用户了解该系统的运作过程。许多公司都是通过电子邮件与外部顾客确认订单、通知装运日期、分享保修信息、提供特殊优惠等。与顾客通过电子邮件交流的一个新的现实就是缩短的预期回复时间使得他们会在电脑面前等待，而有时，客服并不能满足顾客的期望。因此，顾客服务提供商必须以最快的时间回复。

在使用电子邮件时，用户应当熟悉本公司的使用政策。以下是一些最常见的用法：

- 不要用大写字母输入。使用大写字母不仅不够礼貌，而且不便阅读。
- 记得定期清理你的邮箱。清理邮箱，删除旧的邮件，然后提醒自己哪些是待处理的邮件，还要记得定期检查你的垃圾邮件。某些电子邮件过滤器可能会清理掉重要邮件。
- 不要通过该系统发送私人邮件。用公司电子设备进行交流是在使用公家的资源。你还可能把你的信息发送到一个错误的邮箱，即使是加密的信息也可能被破解。
- 由于邮件没有声音，所以并不能表露感情。为了使自己的信息更加个性化，一些用户喜欢使用表情符号或者是图标。有许多书是讲如何创造表情符号的。

- 大多数邮件可以查看是否已经被收到，要学会使用此功能。

电子邮件使与我们内部和外部顾客的交流更进了一步，所以一定要熟悉你公司的电子邮件系统。

8.3.3　自动通话系统

毫无疑问的是，任何拨打 1 – 800 免费服务电话的人都是在与自动通话系统交流。学校、小企业、医生办公室现在也运用某些类型的自动通话系统。自动通话系统的一个巨大好处就是它代替了过去那些不得不接听所有来电、回答问题然后转接到正确的办公室的工作人员。这些系统能够节约工资支出和时间，并能提高效率。不幸的是，普通顾客都有过被困在该系统的糟糕经历。

使用自动通话系统的公司应当定期检查该系统，自动扬声器或者是音乐应该设定在一个让人舒适的程度，功能菜单应该要准确及尽可能简洁，具有声音识别的系统应当能识别普通来电者的讲话。

所有顾客服务提供商都应当就顾客的问题和自动化系统中的小故障迅速给出反馈。如果管理得当，自动化电话系统的运用不仅可以节省成本，运用得好还可以带来更多效益。

8.3.4　语音信箱

大多数公司都会设置某些类型的语音消息传送系统。客服必须习惯使用顾客方的语音信箱系统，而且也必须会运用本公司的相关系统。

语音信箱可将语音信息记录下来储存到接收语音的邮箱系统中，接收方可以稍后再处理声音信息。

语音信箱系统给顾客与客服提供了恰如其分的交流机会，顾客当前没空时，可以留下信息以提供及时的反馈。对顾客而言，语音信箱系统可以让他们的电话得到更快的回复，顾客也能知道他们将很快接到回电，或者他们能留下录音留言来详细说明他们目前的状况。

在语音信箱留下信息时，尝试用以下步骤来提高顾客的回应概率：

- 语言表达清晰并放缓语速，说明你的身份、你的公司、具体日期和时间。
- 说明致电的理由。
- 告知顾客下一步骤，如顾客是否需要等待或需要回电等。
- 留下姓名和联系电话。或许你已经告知了顾客你的姓名，但为了以防他或她没有将其记下来，最好再留一次你的电话号码。
- 用适当的告别语结束电话。

记住，在录音留言的时间可能很短，要尽可能简洁并开门见山。

顾客有问题或疑问，而且只能与"一台机器"谈话时可能会很懊恼。在回复有关语音信箱的投诉时，不要把那些投诉当成不重要的事情一样置之不理。有时问题可能很琐碎，比如背景音乐可能太大，或是音调不合适，一个过时的节日慰问或是录音里恼人的声音等问题。

向你的顾客提问，以便找到问题所在。如果顾客说该系统不能运作了，请自己回电。了解如何为你的顾客工作的最好办法就是把自己当成顾客。如果你发现系统运转失灵，或者是该系统难以操作，请把相关信息告知给能改变这一状况的人。

8.3.5 传真机

传真机已经成为大多数办公室的必备品。但出人意料的是，许多人并不知道使用传真机的基础操作方法。在使用传真机时，我们总会用到传真封面。传真封面不必花哨，但必须包括几个关键信息，包括：你的姓名、职位、部门、公司、地址、电话号码、传真号码、传真的页数（包括封面）以及介绍性信息。如果你要传真的是机密信息，一定要在封面上写上警告声明或是免责声明。传真封面会给收件人留下对你公司的第一印象。如果你的公司没有正式的传真封面，那就创建一个包括所有信息，而且最好加上你的公司标识的传真封面。制作传真封面不需要花太多时间，但带来的积极印象却是持久的。

传真信息时一定要力求准确。再次检查你拨打的号码。如果你发错号码，你要找到另一台传真机的可能性不大，但这样的事是可能发生的。确保传真信息通俗易懂。如果印刷字体太小可能影响阅读，一定要在传真前将比例放大。如果你在发送传真后很难收到回复，那就尝试一下用粗笔在传真封面写上"注意"或"重要"字样。

在很多情况下通过传真发送的签名和亲笔签名一样有效。这样可以缩短谈生意的时间，但也让相关方承担了相当大的责任。

尽可能在下班后传真信息。由于你没有在使用高峰期占用他们的传真机，使用传真机也能节省长途成本，顾客会很满意。最后，一定要确保你的传真机保养良好，并有充足的纸张。一份难读的传真不会给你的公司带来好处。

8.3.6 短信

短信这种通信手段越来越多地运用于商业。在过去的几年里，顾客把手机作为他们的"通信枢纽"这一趋势已经明显上升。企业需要想出一个方法来帮助顾客以他们更喜欢的方式进行交流，这或许可以通过使用手机接收或发送短信完成。许多公司已经找到了将短信作为营业制度的一部分的有效方法。药房可以给顾客发送短信告诉他们处方已经开好，而顾客可以通过短信请求或确认预约；银行可以定期发短信给顾客告知他们可用余额……如今出现了许多企业使用这项技术的新案例。由于并不是所有顾客都希望收到短信或是办理经济实惠的短信套餐，企业不应该认为所有顾客都喜欢用这种方式进行交流。

关键词汇

沟通　顾客智库　关系营销　倾听　书写　交谈　阅读　非言语性表达
语调变化　音高　眼神交流

复习讨论题

1. 列出四条常用语和四条禁用语。

2. 列出并定义五大沟通方法。

3. 哪些因素导致了人们拥有较差的倾听技巧？

4. 一个人的声音展现了他的哪些特点？

5. 探讨一些记录电话信息的技巧。你的公司使用哪些步骤？

6. 顾客智库的发展如何增强与特定顾客的关系？

7. 与你面对面的顾客拒绝保持目光接触时，你该如何做出回应？

8. 如果你是顾客，你将如何看待语音信箱系统？如果说作为一个顾客服务
提供者呢？

9. 传真封面应该包括哪些信息？

10. 调查电子邮件涉及的隐私问题。

第 9 章　应对有挑战性的顾客

学习目标 / Learning Objectives

1. 列出顾客具有挑战性的原因。

2. 避免产生有挑战性顾客的五点建议。

3. 解释同理心产生的本质。

4. 定义责任考核。

5. 讨论对顾客犯了错误时你应该怎么做。

9.1　什么是挑战性的顾客

9.1.1　挑战性顾客的定义

在日常生活中与顾客进行交流时，我们就会意识到，某些顾客会因为一个或者多个原因，不断"打扰"我们。我们可能会试图避开这类人，但是遗憾的是，在真正的经营过程中，我们无法避开顾客。我们经常会在这些极难沟通的顾客身上花费最长的时间。

挑战性顾客（challenging customers）是指那些有许多疑问、担忧且极具个性，需要我们付出许多精力才能真正进行交流的顾客。因为每个人都有自己独特的性格和不同的经历，每个人都是不同的个体。虽然这些有挑战性的顾客难以沟通，但是现实中，他们依然是我们的顾客，我们最终目标是为他们提供优质服务和令他们满意的顾客体验。

9.1.2　为什么顾客会难以沟通

顾客会因为各种各样的原因而被认为难以沟通。他们可能有自己的个性或者有属于自己的谈话风格而让我们觉得难以沟通。这样一来，所谓难以沟通的顾客，并没有做什么过分的事。但是，某些情况下，他们可能会因为以下原因而被认为难以沟通：

- 他们不会当地的语言。
- 他们对特定产品和情况没有专业的知识或者进行认真了解。
- 他们可能会对你产生公开的敌意。
- 他们可能会明显地对某些事情感到担忧（而你和你的公司可能并没有做任何的事情来造成他们的困扰）。
- 他们非常内向，不善言辞。
- 他们向你表现出自身的优越感。
- 他们没有耐心。
- 他们可能会暗示能在你的生意上帮一个大忙。
- 他们似乎表现出你不喜欢的那类人的某些特质。
- 他们人很不错，以至于你不忍心去告诉他们坏消息。
- 他们极其暴躁。
- 他们很难做决定。

每个人都有可能是一位有挑战性的顾客。因为顾客深信，此时此刻的他们是我们最重要的人。因为我们都致力于为顾客提供优质的服务，每个顾客在这个特殊的时刻，都应该是我们最重要的人。所谓的挑战性顾客从来都不是故意刁难我们的。和我们沟通时，他们可能糅杂了他们过去的经历、感受、对未来的期望、所经历的挫折和来自生活的种种压力。而我们的目标就是向他们展示出，我们把他们看作贵客的重视。客服人员也会想出很多独特的话题来与他们进行互动。而客服人员与我们之间的差别在于，他们在我们或者公司与顾客之间的交流间搭建了一座友谊的桥梁。

9.1.3　你在制造挑战性顾客吗

有些顾客就是单纯地难以应付，无论我们为他们做了什么又或者我们什么也没做。大多数人在做与公众有关的工作时，都认为他们在与顾客互动交流方面做得很好，但实际上，我们遇到的很多难题都是我们自己制造的。其实我们应该感谢大部分时间与我们愉快合作的顾客，因为我们的某些说话方式可能已经不自知地惹恼或者冒犯了他们。

避免挑战性顾客产生的 5 点建议：

● 顾及顾客时间。时刻保证工作的高效率。在处理我们认为轻松的工作时，很容易会以一种懒散的态度对待。记住，要时刻把注意力放在顾客身上。

● 切忌将自身的不良情绪带给他人。每个人都会有诸事不顺的一天，顾客更不会知道你今天过得不顺利。其实顾客与客服人员之间多少存在问题，但顾客不会走进你的生活，了解你的生活中发生了什么。如果你被认为是一个喜怒无常、情绪不稳的人，那么他们会不太愿意和你打交道。当然，也不要忽视与你的内部顾客的互动交流，只是积极应对你的外部顾客而以负面情绪面对你的同事也是不可取的。如果你常常专注于自己的工作，并且积极应对，那么你很快就会忘记那些烦恼的事情，收获美好的一天，甚至比你期望的更好。

● 面带微笑迎接常客，并记住他们的名字。顾客一定会珍惜他们在你这里消费所获得的体验。对于他们来说，并不期望一两次的交流互动就能让你记住他们。将你对顾客的印象表达出来，这会是一个好的开始。记住你的顾客，这是你努力的开端。如果他们知道在一个陌生的地方，还有人能够认出自己，会感到非常开心且有归属感。试着在一周的时间里，尽可能以名字称呼别人，包括与你的内部顾客之间的交流，之后你就会发现其积极的一面了。在你的工作区域，你可能会斗志昂扬，你不会再有工作日的感觉，更像是在一个新地方交了许多新朋友。顾客们通常都喜欢和你这样的人做生意。

● 避免随意性的言辞。刻薄的语言看起来似乎是调皮又精辟的回应，这可能会使你感到非常满意，让你觉得自己此时是个赢家，但是就长远来看的话，这些言辞可能会使你成为一个完全的失败者。一些顾客可能会找机会报复你，但其他顾客可能就会直接选择避开你以及你的公司，因为他们在你那里有了不好的体验，便会认定你所在的整个公司的人都如你一般粗俗无礼。在这种情况下，黄金法则是一个很好的选择。如果你不想别人对你说这些粗俗的语言，那就不要对别人说。长远来说，这些随意性的语言是真的具有破坏性。

- 展示你的主动性。告诉顾客，你乐意完成自己的工作并且愿意为他们提供更多的服务。现今社会，懒惰普遍存在。因此，能与那些愿意做更多事情的人、能够坚持完成任务的人做生意，是多么难能可贵的体验呀。顾客也有可能不太喜欢与很主动的人打交道，但因此主动的你反而会成为他们眼中的英雄。

9.2　挑战性顾客的特征

挑战性顾客可以被分为不同的种类。下面是挑战性顾客的 10 个特征。记住，挑战性顾客之所以能挑战，往往是因为我们是谁，而不是他们是谁。

9.2.1　语言/文化障碍

随着社会中外来文化的不断融入，我们将会越来越多地遇到将英语作为第二语言的人，但也有几乎不会说英语的人。即使我们说着同样的语言，交流也存在着很大的挑战。当你试图与说英语有困难的人进行沟通时，一定要做到慢而清晰，避免使用那些很难翻译出来的俚语。当语言不能准确传达你所要表达的关键信息时，尝试着用手势动作去向他们进行阐释。不要佯装你已经理解了顾客所说的。询问顾客并随时将你所理解的意思重复给顾客。即使是面对那些很难理解我们的顾客，也不要感到沮丧，应该要有耐心。他们依然是我们的顾客。有时，对于那些不说英语的人来说，我们能把这些信息写出来的话，他们理解起来会容易得多，因为他们可以参照随身携带的字典。你也可以随手备一本实用的语言词典，以便于自己能准确理解顾客所表达的意思。

如果其他的所有办法都失败了，那么就建议顾客给会说英语的朋友打电话，以寻求帮助来解决问题。

确定你工作所在地的业务中最常见的语言。对你来说，这些顾客所说的语言可能就是你需要首先学习的语言。许多以顾客服务为导向的公司在招聘时，就会将熟练运用某一特定语言作为雇佣条件。

出于无知而冒犯了其他文化的客人时有发生，所以要试着去了解顾客所处的文化。这些文化信息很容易就能获得，同时能深入了解顾客的本地传统、交易方式、关注点以及他们的信仰，这些会让你和顾客都从中获益。美国是一个由独特个体组成的大熔炉，他们会告诉你们许多信息且愿意把钱花在你的公司上的。

9.2.2　年老顾客

美国社会正在步入老龄化，这一情况变得愈发明显。了解老年顾客也就变得更为重要。首先，老年指的是什么？不同的人有着不一样的回答。对于我们来说，老年顾客就是那些 65 岁及以上的老年人，他们在美国人口中占了很大比例。我们对于老年人的偏见是，他们没办法自己做决定，几乎没有可支配收入。但是，在今天，65 岁及以上的顾客却往往相当独立、活跃、自给自足，生活过得多姿多彩。

遇到老年顾客时，客服人员一定要真诚地对待他们，他们的购买力是极其巨大的。老年人可能会需要一些特殊照顾，他们可能在读文件的保留条款时会有些困难，会花费些时间，回应得比较慢，也可能听不清你的说话。与老年顾客交流时，要始终表现出对他们的尊敬。这时候的你需要意识到自尊对个人的重要性。虽然一些老年顾客会因为有资格享受老年人所特有的优惠而感到高兴，但是另一些可能就不愿意谈论他们有资格享受优惠这件事。永远不要轻视任何老年人，把他们称作"美女"和"帅哥"。即使你的本意是想亲近他们，但是他们未必会喜欢这些称呼。

如果你注意到顾客在阅读的时候有困难，就建议他们去光线好一点的地方；如果依然不能解决问题，就主动为他们阅读信息。许多老年人在听力方面也有困难，为了让他们知道你在说什么，很简单的一个方法是，在你说话的时候，你要看着他们，以便于他们能够看见你的嘴唇在动，知道你在说话。切忌语义含糊，也不要对他们大声说话以吸引其注意力，而应该吐字清晰，语速适中。

老年顾客可能对于现代的一些科技不是很熟悉，这当然不是必然会发生的状况，但可能性相当大。如果顾客目前是处于非工作状态，或者工作不会用到电脑、传真机、互联网和点钞机等现代设备，那么当需要使用这些设备时，他们可能就会茫然不知所措。但另一方面，某些老年顾客可能比我们更加熟练使用这些设备，因为他们投入了大量时间去学习。如果顾客不知道怎么使用这些设备，你可以委婉地询问他们是否需要帮助，如果他们接受了你的提议，请以一个积极的态度去帮助他们；如果他们拒绝了，就耐心地等待他们自己解决问题。

9.2.3　不耐心的顾客

如今人们都以一种快节奏在生活。比如我们在日常的个人生活和商业生活中，总想在更短时间内完成更多的工作。通常这样的事情都不太容易实现，但是我们总有顾客想要这样，而急于将每件事情都做好反而可能使顾客变得更急躁。你一定要记住，在顾客没有耐心又暴躁的时候，他们可能正被一些不在你控制范围内的事情所困扰，比如交通堵塞、偏头痛，或者一些不能及时完成的工作等。但是有些时候，他们没有耐心是因为我们的某些行为，或我们过时的交易体系。

在与顾客进行电话沟通时，一定要首先询问顾客此时是否方便接电话。顾客在做很重要的事情时可能会表现出对我们的不耐烦，并且在我们谈话的过程中可能会分心，不耐烦的顾客可能会觉得你打扰了他们工作或者骚扰了他们。所以应尽可能有效率地向你的顾客强调你想与他们进行合作的意向，告诉他们你会保证他们的利益，把他们的工作放在首要位置，准确快速地完成与他们有关的业务……通过你的行动，努力地向顾客表达出，你的公司值得他们去投资时间。

9.2.4　愤怒的顾客

很遗憾的是，在顾客服务过程中，愤怒是一种很常见的情绪。内部和外部顾客都会不时表现出愤怒。如果应对不当，愤怒的情绪就会围绕在同事间，甚至造成一次部门之间的全面战争，这种情况对促进内部员工的友好发展来说很不利。

许多外部顾客只会在他们生气的时候刁难客服，愤怒就像一颗定时炸弹，随时可能会爆炸。如果不能很好地平息顾客的愤怒，就可能会造成一场混乱。

面对顾客的愤怒，关键是要尽力让他们冷静下来。对于客服人员来说，保持自身的冷静也非常重要。愤怒的顾客在与每个人打交道时都会表现出他的愤怒。我们应询问顾客他们此时所处的情况，容许顾客发泄他们的不满。当都发泄出来后，他们就会感觉好多了。不要打断他们，让他们全部都说出来之后，我们再做回应。了解顾客的情绪，但是同时也要找出问题所在，因为顾客在解释的时候，可能会忘记最初是为了什么而生气，他们会很高兴有人愿意倾听自己的不满。以上都做过以后，最后再尝试找出能有效解决问题的办法。

愤怒的人可能会变得很无礼或者恶言相向，将客服人员置于一个尴尬的境地。那么客服人员也应该冒着使顾客变得更加愤怒的风险来辱骂顾客以阻止他们的无礼谩骂吗？回应顾客粗俗语言的一种方式就是对顾客说："我知道您很愤怒，但是我不习惯以这种方式与您对话，请把您的解释放在关键问题上。"带着尊敬与他们沟通，即使他们的行为并不是那么有礼貌。理解他们的情绪，但是也要尽快地寻找机会来拿回谈话的主动权，比如把这样的话，"我知道您的失望……"或者"让我们来找一种积极的方式处理这一情况"作为开场白，可能就会让客服人员拿回对话的主动权。顾客的愤怒其实为一种新关系的开始提供了很好的机会，并且如果把顾客的愤怒处理好了，还会产生积极的结果。

9.2.5　善于分析的顾客

善于分析的顾客倾向于了解事实，并且知道他们是在和一个对他的产品或者公司有足够了解的人谈话。他们通常会采取一种客观的态度来做决策和解决问题。善于分析的人很少把他们的情绪外露，也不会关心你们的情绪，他们不会在乎你是否会喜欢自己。

善于分析的顾客喜欢一致性和证据，与这些顾客打交道时，尊敬地对待他们，给他们所想要的，当利率上涨时，告诉他们一份账单的日期以及是怎么算出来的，保证他们问的任何问题你都可以对答如流。询问他们是否还有其他的问题，并做到应对自如。

9.2.6 态度不明确的顾客

总有一些顾客很难做决定，因为他们会从海量的资源中寻找可用信息，或者因为各种各样的理由而不愿意表态。他们曾经可能因为太快做决定而后悔过；也可能经济上的限制而需要仔细地考察所有的可能性，才会做出一个可行的决策。还有一些顾客可能不得不考虑一些与决策利益相关的情况，比如上级的期望或者不在场的同事。

与态度不明确的顾客交流时，要记住，顾客总会有他们犹豫不决的原因，试着帮助他们更快地做决定，详述可能的各种选择。询问是否有你没解释到的问题，并建议他们今天就做决定。如果他们还没有准备好，告诉他们你的时间表，允许他们在适度的时间内去考虑并做出决定，但是要在时间表以内。时间表就相当于给了他们一个考虑的期限，这会减少你与他们分享的信息变得无用的可能性。

9.2.7 高傲的顾客

有些顾客给客服人员的印象就是他们在某些事情上高人一等。而不要在意这样的态度很重要。表现得高傲的顾客可能很难与他人交流，他们或者表现粗鲁，或者说一些令人不快的话。事实上，以这样的一种方式展示自己的顾客，通常都是缺乏安全感，他们只有把别人看得比自己低，才会感觉好一点。他们想让你们知道，他们把自己看得很重要。

在与这类顾客打交道时，客服人员必须意识到自身的价值，虽然与顾客相互比较孰高孰低的欲望可能会相当强烈，但这完全是在浪费时间，而且最终并没有人真正在这一场竞争中获胜。如果可能的话，利用顾客的这种优越感来获益。夸赞他的成就，肯定他的重要性，告诉他们你的建议是在帮助企业提升服务质量。让顾客意识到自己是最后的胜者，那么这些不必要的竞争就会减少了。

9.2.8 不成熟的顾客

客服人员很有可能与那些思想不成熟的顾客打交道。大多数的顾客服务中心都是在解决问题，而这些不成熟的顾客就可能会制造一些问题。账单找各种借口迟交或不交，或者指责别人造成问题……这些都是在不成熟的顾客身上时常出现的问题。与这些不成熟的顾客进行交流时，先听听他们对他们所遇情况的解释，然后再回应他们。给予他们时间去完整地描述他们的问题。回答他们问题时，直接坦白告诉他们，造成这样的结果，是因为没有及时缴费和其他与之类似的情况。如果他们依然有问题，则再次完整地回答他们的问题。你可能觉得他们问的是那种"每个人都知道答案的问题"，但是很显然，他们问了，就代表着不知道。这些不成熟的顾客必须知道他们的行为会影响他人。要跟顾客强调你们公司政策的重要性，以及你们会公正一致地对待所有的顾客。

除了当下的行为，不成熟的顾客可能真的不知道还有什么更好的方式。有些顾客会抱怨如果准时支付一大笔费用的话，他们就没有剩余的钱出去吃好吃的东西了，最后大概只能别无选择。对待这样的顾客，就一定要态度强硬。他们现在可能不会感激你强制实行公司的政策，但是在将来，他们会从这次的经历中吸取教训。

9.2.9　健谈的顾客

健谈的顾客对周围的人或事可能表现得很兴奋，他们可能是外向的人，也可能是有趣事想要分享。这些人通常擅长讲故事，或者他们自己喜欢听故事。我们喜欢健谈的顾客，但同时我们要保证工作高效进行。

然而实际情况是，一些健谈的顾客可能很难相处。

当与这些健谈的顾客沟通时，应以一种积极坦诚的方式迎接他们，让他们说出自己的问题和担忧。通过询问具体的问题，确保他们的话题始终都在重点上，使话题能更有效地展开。首先表达出你乐于处理他们问题的意愿，以及对他们知识渊博和卓越能力的欣赏。然后快速地处理，可以以一种幽默的方式让你们的讨论始终都在问题本身上，并询问他们是否还有其他问题。最后对于他们的理解和耐心等待，表示你的感激之情。当然有时也很难与这些健谈的顾客顺利地结束对话，试试传达"客户的时间是非常珍贵的"这一观点，"我不愿再打扰您有限的时间"这句话可能对结束对话有不错的效果。

9.2.10　有特殊需求的顾客

服务人员有时可能会遇到一些顾客，由于特殊的需求而要求额外的帮助。几乎所有的顾客都是有特殊需求的顾客，他们出于各种各样的原因，要求我们完全的配合。有特殊需求的顾客可能很难辨认，因为许多被社会认为有特殊需求的人，并没有意识到自己就是这一类人。

在与身体上有缺陷的人沟通时，需要考虑到以下这些问题：

● 如果是失聪的人，请直接对着他们说话。如果他们随身带了翻译人员或者助手，与他们认识后，还是要选择和顾客说话，说话的时候面对顾客，尽量慢而清楚，适时使用面部表情，因为失聪的人主要就是依靠面部表情和姿势来获取交流的信息。

● 如果是坐轮椅的人，在与他们交流时，要尝试与他们平视，不要去触碰轮椅或者任何轮椅装置，因为这会被认为是触犯了他们的私人空间。

● 如果是有视觉障碍的人，记住不要去挑衅导盲犬，也不要与导盲犬说话，这些行为都会打扰到导盲犬的工作。

● 如果是有言语障碍的人，要耐心仔细地听他们说话，不要有帮他们完成句子的想法。

除此之外，你不能假设某个人的需求以及他们所需要的帮助，但是不要害怕礼貌地询问，可以简单地说一句："我能为你做点什么吗？"

一定记住，有特殊需求的顾客也要尊敬对待，尽力了解他们的问题和担忧，并尽量为他们提供解决的办法。

9.3   挑战性顾客服务的应对

9.3.1   尊重是永不过时的经典理念

随着社会对不同年龄阶段个体差异的关注度越来越高，我们很容易落入"代沟综合征"。它的意思是，在不同时代成长的人，具备他们独特的塑造人生的经历，这些经历使他们之间不能进行毫无障碍的沟通。这真是一个大错特错的观念！所有年龄阶段的人彼此间都可以和平共处，好好沟通，但是这其中必不可少的因素就是尊重。尊重（respect）就意味着给予顾客以认可和特别尊敬。

尊重或者展示出对别人的尊重并不是降低我们自身的价值。相反，它给了我们向别人学习和实现自我成长的机会，因为如果我们仅仅与同龄人进行交流，便不会得到成长。尊重不应该仅仅局限于不同年龄阶段的人，也应该展示给其他的所有人。我们要展示出我们的专业素养，表露出对顾客的关心。我们可以用一些礼貌的称呼语，比如"阁下""女士""先生""夫人"等，如果某个顾客不想被这样正式地称呼，我们也要随他的心。永远不要表现得高人一等，用傲慢的语气与顾客交流，即使对方非常年轻也会感觉到不舒服，甚至让他们生气。这也可能会导致顾客无法正确理解我们向他们传递的信息。最后是关于对顾客知识的尊重，现在的顾客比以前更见多识广，更有经验。年龄、性别、种族、教育等远不如社会习俗对一个人知识的影响深广。如果我们能让自己去认可顾客的这些想法，我们就可能从他们那里获益并最终学到更多。

9.3.2   理解同理心的作用

同理心（empathy）就是去设身处地了解一个人所经历的事，并采取实际行动帮助他们走出这一处境。同理心是富有成效的。当我们向他们表露出我们的同理心时，我们不需要表现出对他们处境的悲伤，相反，我们只需要认真地听他们解释他们的处境，并对他们说："我能为您做些什么吗？"同理心最主要的关键点就是解决问题。

如果一位顾客打电话说，他要推迟交费，因为有个直系亲属过世了，这时候的他就正经历着一场情绪波动。我们可以展示出我们的同理共情心之情，表达出我们对他亲人逝去的遗憾，表达我们愿意竭尽所能减少他悲痛的情绪，以及为他们安排延长费用截止日期或者安排特殊融资。无论发生哪种情况，服务人员都应该帮助顾客解决问题而不是喋喋不休地重复这件事情。

9.3.3　责任检查与过失补救

企业在顾客服务这一方面都做得很好。在大多数情况下，一个企业拥有顾客想要和需要的东西，但是企业也必须将成本牢记在心。有时，顾客会要求完全没有正当理由的服务，而这些要求可能会使客服人员及其公司陷入尴尬的境地。那么客服人员是应该为顾客提供服务，损失利润，还是拒绝提供服务，承担损失一个顾客的风险？

处理这种情况的一个方法就是执行问责制。问责制（responsibility check）就是对某一情景进行评估，确定究竟是谁应负有责任，谁真正地切实要为这件事负责。有时顾客因为我们没有做那些本应该是他自己负责的事而对我们感到不满意。为了提供卓越的服务，顾客也应该参与到这一个过程中来，而不仅仅是从中获益。

有一个案例，是一个学生和教授之间的责任审核，在教育环境下，学生是顾客，教授是客服人员。此次的总体目标是为学生提供机会，并最终能取得良好成绩的积极效果。教授需要保证他的学生的满意度，以便于他们能继续上课，同时，他们也必须保证所有学生是平等的，实行课堂或学校一体化。如果一个学生（顾客）没有来上课，没有达到教授的标准；但学生是顾客，他们的要求是在课程上获得一个好成绩。此时教授就应该进行责任审核。使学生得到一个好成绩，这是谁的责任？这是学生和教授的共同责任：教授应该为学生提供相关信息，回答他们的提问，做到考试公正；而学生必须做到按时上课，认真阅读教材，认真学习。学生不应该推卸责任，如果学生没有尽到必要的努力，而教授又依然给了学生一个很好的成绩，这就会影响这门课程的公平性。在提供顾客服务的时候，我们应该考虑的是顾客这个整体，而不仅仅只是针对其中的一部分。

问责的目标就是将某些错误处境分析清楚，将责任划分到责任方。责任的划分可以通过顾客服务的共同协作得以更为顺利地完成。问责是一种很积极的方式，通过要求所有相关顾客都参与到过程中，并承担自己的责任，从而给优质的顾客服务创造机会。

9.3.4　过失的处理

在客服人员与顾客交流互动时，有可能没有以正确的方式对待所有的顾客。客服人员也是人，他们也可能会把他们的沮丧心情发泄在顾客身上，或者在做事的时候犯错误。当你觉得你用不恰当的方式对待了你的顾客时，试试下面的这些方法：

- 反思当时的情形。审视你的行为和说话，试着从顾客的立场来思考当时的情况。
- 观察顾客的反应。顾客是否表现出明显的气愤？分辨顾客究竟是惊讶还是被你的行为话语所伤？
- 承认错误。无论是你的信息有误还是你的判断失误，向顾客承认错误，表达你意识到了自己的失误，这会是最好的解决方式。
- 为你的行为和错误道歉。向顾客表达出你的歉意，而不是找借口解释事情为什么会发生。
- 找到解决方法并实行。解决这种错误的最佳方法就是找出一个有效的解决方法，并尽快实施以解决问题。

9.4　有效应对的方法

- 倾听。给予顾客机会来表达他们的担忧并分享他们的故事。
- 询问。寻求问题的解释，考虑其中涉及的可变因素。
- 表达同理心。尝试着去了解顾客所经历的过往并采取实际行动来解决当前问题。
- 解决问题。思考最适合当前情况的解决办法，在保证符合公司章程的情况下，为顾客和公司重新找到一个积极的解决办法。
- 后续跟进。再次陈述已经决定的事和问题将会如何解决。询问顾客是否还有其他的问题。
- 以积极的态度结束对话。感谢顾客的理解，用很热情的方式向他们告别，这样他们就会记住你以专业的方式来解决问题这件事，相比对话的开始，顾客更容易记住结尾的互动交流。

服务人员必须把他们的顾客看作长期资产！记住，留住一个已经合作过的顾客比重新招募新顾客更容易，所以客服人员更应该解决挑战性顾客的问题。与交流开始相比，客服人员应该让顾客在交流结束时感觉到更为舒心。当万事进展顺利时，我们照顾顾客是很轻松的，但事情变得棘手时，困难也就出现了。

我们处理冲突的方法就是，直面冲突本身。在我们要求自身去发展技能或者学习新知识时，我们要为自己创造一个合适的环境以便更好地管理冲突。挑战性顾客对顾客服务来说是很现实的一个问题，知道如何恰当地去处理，就会减少彼此的焦虑。通过学习如何应对这些挑战性顾客，我们做事会变得更有效率，我们成为了公司的有效资产，也成了公司优秀的执行者。

关键词汇

挑战性顾客　尊重　同理心　问责制

复习讨论题

1. 为什么有的顾客只刁难一个人，不刁难其他人？

2. 列出并说明挑战性顾客的五个特征。

3. 你认为什么样的顾客最有挑战性，为什么？

4. 有什么办法可以应对那些出于愤怒而言辞激烈的顾客？

5. 在不会冒犯对方的情况下，怎么礼貌地与健谈的顾客结束对话？

6. 对比同理心和同情心，哪一个更能更有效地解决问题？

7. 分享一个你向顾客提供错误信息并及时改正错误的情境。

8. 为什么以一种积极的态度与顾客结束对话非常重要？

9. 应对挑战性顾客的好处有哪些？

10. 解释"问责制"。

第 10 章　顾客服务中的激励

学习目标 / Learning Objectives

1. 定义动机。

2. 区别需要与需求。

3. 列举常见的动机因素。

4. 解释成员士气对组织的影响。

5. 自行评价个人优势与劣势。

6. 和他人分享你所使用的自我激励方法。

10.1 动机与需求

10.1.1 什么是动机

每个专业人士都曾经面对找到动机去完成任务或履行义务的挑战。动机（motivation）是促使我们采取特别行动的个人力量。动机是很个性化的。不同的人被不同的奖赏、经历和环境激励着。促使一个人每天早上起床的驱动力并不足以使其邻居起床。动机对我们的个人和职业生活都很重要。动机可能是我们开始的动力或者让我们不断前进的燃料。

在特定的时间里，共事的员工会有不同层次的动机。这表明，同事们不会处于同样的情境中，他们或多或少都想更快地完成任务或者更快地完成工作。一个员工如果打算工作一完成就开始为期一周的假期，这可能就是激励他们去尽快完成工作的动机。相比而言，没有假期可以期待的同事可能就不太容易被激励去努力工作。不同层次的动机在团队工作当中是很有帮助的。在这一案例当中，存在一种可能性，那就是一位员工缺乏动力，而其他人会有更多动力。不幸的是，情况不总是如此。如果少数员工完成了大量的工作，而好处却由其他人获得，这种情况久而久之会大大减弱员工的动力。

顾客服务中的动机，理论上来源于对员工的管理。运用一些激励的方法可以使客服人员保持高度的热情。奖励机制、建议奖励和日常鼓励都有助于客服人员对他们在提供优质顾客服务时感到满意。

一些公司为激励他们的员工制定了独特的策略。幽默是当今职场激励机制的重要组成部分。不同公司以不同的方法来运用幽默，但在大多数情况下它可以缓和紧张的气氛。研究表明，笑是提高士气和总体工作满意度的关键。幽默的称呼、从电脑屏幕弹出的笑话、主题装扮日等都能给职场增添幽默。

许多公司举办各种活动激励员工，如组织零食日，让员工有机会带着他们最喜爱的"点心"参加；组织便装日，让员工们参加公司垒球队、篮球比赛或交响音乐会；组织公司年会、每月的生日会等等。这些活动背后的驱动力能提高员工凝聚力，共同的经历使员工们团结在一起。通常，员工把自己看作公司的一个重要组成部分时，他们将有更强烈的工作动力。

不幸地是，这种积极的领导方式并不总是有效的。在这种情况下，客服人员就需要自行找到自己的工作动力。

10.1.2 需要与需求

要想理解动机的多样性，就要弄清需要和需求的定义。需要（needs）是我们个人的生存要求。一些需要是本能的，或是基本的，如我们对空气和食物的需要；另一些需要是习得的，如一些我们喜欢或根本不在意的特定食物，这些是次要需要。基本需要和次要需要对动机都很重要。许多人很难看到他们真正的需要，而且可能会把它们与需求搞混。例如，大多数成年人需要交通工具，为了按时上班以及履行他们的义务。他们需要公共交通工具或一辆基本的代步汽车，但为了满足自身的需要他们可能想要一辆造型优美的新款汽车。

需求（wants）是人们渴望的事物或经历。需求与需要几乎没有关系。如果我们的需要能满足我们个人的需求，那么需求对我们想要什么几乎不起作用了。通常，个人渴望得到的实际上不是真正需要的东西。尽管这个事实有助于推动美国的经济的发展，可如果他们不能得到自己认为的需要品，则会感到失望。需要和需求是十分鼓舞人心的。许多人愿意努力工作以此得到他们需要或需求的东西。需求可能与我们的自我形象有关，且反映我们想向其他人展示的成功或自认成功的欲望。一个很难赚到佣金的销售人员可能在收到大额支票后立即会买一款名表。在这种情况下，销售人员向自己或他人展示自身成功的需要盖过了支付租金的需要。

人们常常误解职场中需要与需求的运用。管理人员可能认为员工的需要在现实中是不重要的，且不会产生激励效果。一个员工有一天的假期但是又必须加班补回来，那么他基本不能从假期中获得激励。人们在试图去理解期望和认知时，错误的分析就可能会出现。

10.1.3　动机的影响因素

多年来人们一直尝试去理解动机。为了充分了解是什么东西激励着个体，人们进行了大量的研究。动机可以是积极的也可以是消极的。积极的动机会促使旅游中介完成足够的任务量以获得免费旅行的机会。消极的动机可能会促使人们使用饿肚子的方式来减肥。在这两种情况下，动机都存在着。然而赢得旅行的动机似乎更加积极。

以下是一些影响成年人动机的常见因素：

- 对个人的尊重。
- 具有挑战性的工作。
- 表现创造力的机会。
- 上司的鼓励。
- 经济保障。
- 工作保障。
- 升职机会。
- 和谐的工作环境。
- 优越的福利待遇。

- 即将竣工的项目。
- 即将到来的假期。
- 他人的赞扬。
- 与顾客的友好关系。

尽管并非所有成年人都会为上述情况所激励，但许多人会发现这些因素是帮助他们集中注意力和达成目标的驱动力。每个人肯定都熟知个人的动力来源。管理者通常都无法意识到员工动力来源的多样性。相反，他们可能过多地关注作为员工动力来源之一的薪水。

当公司不能提高员工的薪水时，管理者可能会认为员工就没有动机去工作了。研究表明许多成年人相信只要他们的收入能够满足基本需要，他们就会从薪水以外的其他因素中获得动力。

他人的赞扬是另一个会被误解的动机来源。一家制造公司制定了一个嘉奖杰出员工的计划，为杰出员工提供特别的午餐和有纪念意义的马克杯，以此来表扬他们。即使员工们很荣幸能得到认可，但是他们仍然对公司没有向其他员工发表优秀员工表彰的公告感到失望。同事得以了解他们受到嘉奖的唯一途径就是他们自己宣传，而这种做法会削弱嘉奖本身带来的动力。

10.1.4　士气的理解

士气（morale）是个人或群体对工作、上司或公司的情感或态度。当员工们对他们的工作感觉还不错，整体满意度高，并且觉得工作有保障时，士气就会高涨。士气高涨时，员工会有很高的忠诚度和投入度。具有鼓励性的管理、和谐的工作环境，以及个人、部门或者公司的成功会造就高昂的士气。高昂的士气会促进生产力的提高。员工们对他们的工作感到满意，会减少误工的可能，同时增加其在职时应做的贡献。

士气低落可能是因为员工和经营者对他们的工作和组织不是很积极。士气低落的原因可能是管理不良，消极的员工把他们的不满带给其他人，公司的未来不明确，谣言四起的裁员危机，工作量太大或加班以及低于预期的薪水增长。士气低落会导致缺勤，不专业行为和升高的人员流动率。士气低落可能很难转变。即使意识到它存在的管理者可能也很难改变它。

一家在电视新闻上宣布将在接下来的几个月内裁员的公司可能会看到员工士气下降。如果员工对他们未来的工作不确定，他们会很难对组织和与之相关的每个人抱有积极的态度。

10.2　自我认识

10.2.1　什么是自我认识

自我认识与动机在使自己与他人高效地工作的过程中是相关联的。自我认识（self-concept）是个人审视自己或自己思考他人如何看待自己的方法。一个有很强自我认识的人能够用一种积极的方式去看待自己的能力。这样的人不必祈求得到他人的肯定，他们可以自己肯定自己。积极的自我认识使人拥有自信，这种自信是与他人友好地相处的必需。客服人员必须培养积极的自我认识。愤怒的顾客可能会对试图帮他们解决问题的人发牢骚。当这种情况发生时，对于自我认识差的人来说，很容易认为顾客的话和行为是在针对自己。积极的自我认识创造必要的盔甲来抵御顾客的某些不合适的言行。

不幸的是，许多人没有积极的自我认识。社会向我们展现了许多不现实的完美例子，媒体不断强调，为了能得到真正的快乐，我们必须外表靓丽、身材高挑、理智、富有，且在每一方面都完美。这个标准让大多数人失望。如果我们没有理想中的那么好，我们应该怎样用积极的方式去和世界互动？这是大多数美国人都面临的挑战。

另一些人不是被媒体所倡导的影响，但是被消极的人们包围。消极者的个人自我认识很容易被削弱。如果某个人说我不够好，那我为什么要相信他呢？对一个自我认识不太积极的人来说，最重要的事是意识到他们独自一个人也有能力去改变他们看待自己的方式。

10.2.2　提升自我认识的方法

每个人都有能力提升自我认识。当其他人能够影响个人的自我认识时，改变必须从个人做起。提升自我的第一步是进行自我评估（self-assessment）。自我评估是对自身优缺点的鉴别与评价。如果个人不知道如何改变自己或自己的行为，那么自我评估可以帮助他们明确要努力的方向。自我评估必须是真实的，而且是用来评估自己的。在自我评估中，个人认为他们被忽视或者运气不好的例子是不能纳入评价中的。借口和责备会导致不正确的自我评估。

为了开始进行自我评估，首先问自己以下问题并记录下你的答案。

● 我的优点是什么？做得好以后我从别人那得到的赞美是什么？我认为我擅长什么？

● 我的缺点是什么？在哪些活动中，我感到不太自信了？我经常为自己的失败找借口或责备他人吗？我做事有始有终吗？我是不是说"是"太频繁了？我在集体活动中发挥作用了吗？

● 我怎样看待我自己？我可靠吗？我在他人面前说话得体吗？我的幽默感怎么样？我最喜欢自己什么，最不喜欢自己什么呢？如果可以改变自己身上的一点，会改什么呢？

● 我的喜好与厌恶是什么？我喜欢参加哪一类的活动？工作时，我喜欢坐在一个地方还是到处转呢？在读高中或大学时我最喜欢什么学科？

● 我有树立目标且付诸行动去实现它吗？成功完成目标后我骄傲吗？

进行自我评估还不够。评估以后，个人还需对所记录的信息进行评估。在评估的时候，得出结论且为未来制定计划是很有帮助的。当你进行自我评估时，回顾你所记录的信息。这里面有你特别满意的回答吗？当你对自己的优缺点做结论时，需要意识到，如果在树立目标时把你的优缺点考虑进去，你的目标会更加富有成效。

即使你对自己的自我评估不太满意，现在你也有了一些关于自身的有价值的新信息。大多数人并不自知，因为有时候要意识到我们是谁以及别人怎么看待自己很难。我们很容易为自己的失败找借口或归咎他人。不要停留在自我评估揭示的消极信息中。往前看，制定目标，强化自己的优点，并探索改进缺点的方法。总之，认同自己就是那个不寻常的人。

10.2.3 提升自我认识的 10 条建议

当提升自我认识时，试试以下 10 条建议：

1. 把自己当作一个成功的人。每个人对社会都会有特别的贡献。把自己视为成功人士的人在与他人交往时会表现得更加自信，也会影响你的行动。在大多数情况下，你会表现得像一个成功的人，因为在你的思想中你就是这样看待自己的。通过把自己在某方面打扮得像成功人士，你还会向其他人展示你注重细节的习惯。一个穿着不整洁或面貌极其夸张的人可能会让其他人觉得他不值得信任或不能与他人和睦相处。

2. 与积极的人待在一起。积极的人常常会在一起分享积极的态度。与他们待在一起，你更可能听到积极的言论并用更加积极的方式去思考。积极的人看到的更多是可能性，而不是无计可施的绝望。看到生活明亮面的人会让我们在成功路上迷茫时想起他们。

3. 把任务按步骤细分。人们有时很难投入到一个项目中是因为它看起来难以完成。一个有助你踏出第一步的好方法是把任务细分成几个更小的任务。如果必须写季度报告，那么就从创建封面开始，然后创建大纲。把报告的完成当作优先任务，但每次要完成一页。这样有助于变得更加有计划。确定你的桌面、信息系统、文书工作以及消息系统都组织有序，这样你就可以有效地工作并坚持完成你所做的承诺。

4. 正确饮食。忙碌的生活节奏会导致我们缺少健康的饮食。我们在全身心履行职责时很容易忽视自己健康。如果由于地理位置或有限的时间，使你不得不经常在快餐店吃饭，那么请尽可能地做最有益于健康的选择。从咖啡、苏打水或糖里过度吸取的咖啡因能让人情绪起起伏。尝试每天喝5到8杯水。水会让你的身体保持水合性，并让你的情绪更加平稳。如果在休息时间使用零食自动售卖机的诱惑太大，那么就提前从家里带来有营养的零食。萝卜、奶酪、水果、坚果或低脂饼干能让你继续工作到吃饭前。

5. 保证充足的睡眠。大多数成年人平均每晚需要8小时的睡眠时间。尝试保证自己有充足的睡眠。如果你总是需要被闹铃叫醒，想赖床，醒来觉得太累，你可能需要更多的睡眠时间。尝试一周每晚提前30分钟上床。如果你还是很累，那么就在平时睡觉时间的前45分钟上床。通过试验不同的睡眠时间，你应该能够知道你的身体真正需要多少睡眠时间。忙碌的生活方式可能让你很难保持一个稳定的睡眠时间表，但是它带来的好处是值得的。一个休息好的人通常更有耐心，注意力集中时间更长，且比那些疲倦的人更富有创造力。好的休息会让我们更快地进行自我认识。

6. 奖励成功。当你完成了引以为豪的事情时，就奖励自己吧！当我们很好地完成了一项工作时，大多数人会忘记在背上给自己一个赞扬的轻拍。把自己（和朋友）带去吃午饭庆祝一下，花时间做些自己喜欢的事，甚至只是对自己满意地笑笑。一些人发现记录自己的成绩是有帮助的，这份记录会是一份特别的文件或清单。太多的人过分关注于他们不能做的事而不是他们能做的事。通过认同和奖励自身的成功，我们可以认知到我们擅长什么并且会从中获得成就感。

7. 练习积极的自我对话。每个人偶尔都会和自己交谈。不幸的是，我们跟自己说的话不总是积极的。通过对自己说消极的事，不管是大声地还是安静地，我们都强化了消极的想法和观点。我们开始想象我们避之不及的场景。这可能会让我们怀疑自己的能力并且更多地关注消极的事件。应对这种情况，应尝试积极地与自己交流，在车或家里大声地讲，在他人面前轻声地说。告诉自己我可以处理摆在面前的挑战，做自己的鼓励者！当你告诉自己"你可以做到的"，你就能做得更好。

8. 帮助他人。为他人做事往往是我们能为自己做的最好的事。通过帮助他人，我们把注意力放在他人的需要上。无私已经被视为提升个人自我认识的助手。主动帮助新员工学习工作的诀窍，为他人把住门，带生病的朋友去吃晚餐，帮去度假的邻居遛狗，或额外地为顾客做些小事——你为他人做的每件事都会给你内在的鼓励。你会为做过的事感到愉悦，不管此行为是否有回报，重要的是你做了！

9. 锻炼。越来越多的公司认识到拥有健康的员工的好处。即使你的公司暂时没有健康计划，你也可以建立自己个人的锻炼计划。锻炼的好处包括增强体力、减少疼痛以及增加有效率的思考时间。健康的员工往往有更低的误工率和更积极的面对挑战的态度。健身顾问建议你在开始新的健康养生计划之前咨询你的医生。在你的生活中找到时间进行锻炼可能很难，但即使是几分钟的伸展活动也是有益的。对专业人士来说，锻炼的一般时间都在早上，在一天刚开始的时候锻炼更不容易被打扰。可以把锻炼融入到日常生活中，尝试走路而不是开车（如果那是可取的），走楼梯而不是坐电梯，在桌子旁边做伸展活动，或下班后和朋友或爱人一起散步……锻炼能让你身心都更健康。

10. 学习新的事物。学习新的事物永远都不会晚。终身学习的观念在成年人中是一种新趋势。终身学习意味着我们从不认为我们知道所有的答案或我们太老了以至于不能接受新的思想。随着科技的发展，我们比以往任何时候都需要更多的训练。除了获得新知识，学习新东西让我们有机会遇见新的人，探索新想法并为我们的简历增添新技能。在你周围开始寻找新的学习机会吧，如阅读专业的出版物，学习新的软件项目，参加线上的公开课，在当地社区大学上课，考取更高的学位，或花时间学习你总想知道怎么做的事……即使你学的东西在工作领域用不上，但至少你的知识面开阔了，且这会让你每天去上班时更加有信心。

10.3　激励

10.3.1　激励的力量

顾客服务常常是一份吃力不讨好的工作。不幸的是，我们的顾客经常在他们有困难或沮丧的时候来找我们。为了在顾客服务中取得优异的成绩，服务人员必须有能力去判断形势或激励自己。行为学家已经研究了多年的动机，并且在他们的一些基本结论中有一些关键的共同点。最明显的一点是我们都有促使我们付诸行动的动机。人们普遍认为，我们每个人都有自我激励的能力。有时这是我们能得到的唯一动力。

所以人们是怎样开始自我激励的呢？以下 7 个步骤或许会提供给你一个好的开始：

1. 把具有激励性的语录放在你的办公桌上，这样你就可以整天都看到它们了。如果你周围都是积极的信息，那么即使最难应对的顾客也很难摧毁你的意志。

2. 听取提高自我认识的建议。培养强烈的自我认识，不管内在或外在你都会感觉自我良好。

3. 制定目标并努力实现。通过专注于你的目标，你更可能会完成它们并且有成就感。

4. 阅读励志书籍或在网上听励志故事。不管是在开车，散步还是锻炼，寻找机会去倾听。听完后激励的信息会陪伴着你。

5. 如果你正过着没有精神的一天，那么请你走路和说话都表现得充满了力量一样。不久后你会忘记你疲倦的事实并且会觉得自己就像表现出来的那样有精神。

6. 培养幽默感并让他人体会到。哈哈大笑会让你和周围的人感觉新鲜且有动力！

7. 玩得开心！有动力的人完成他们的目标后，会自我感觉良好且享受生活。

按照以上这些自我激励的步骤，你将开启一段积极向上的旅程，成为一个有动力的人并且一直保持这种状态，你给他人动力的同时他们也会给你动力。

10.3.2　团队合作

《今日美国》的一篇文章指出，相比独立工作，员工更喜欢团队项目。团队合作（teamwork）即通过合作以提高团队整体的效率。对于大多数员工来说，团队合作的想法是具有吸引力的，因为团队合作可以让员工体验团队协作的力量，而这是个人项目体验不到的。根据戴尔·卡耐基及其联合公司的一个调查发现，员工更喜欢团队合作的一些原因如下：

- 表示较低的压力——72%。
- 增加的工作质量——67%。
- 改良的态度——67%。
- 增加的利润——67%。
- 增加的生产率——66%。

团队合作不是在每种环境下都起作用，但在其适用的情况下，它可以提升士气，最终带来一个更加积极且有动力的工作体验。

10.3.3　感谢与激励他人的方法

有时候我们能给他人巨大动力的行为是表示对他们的感谢。说谢谢很容易，且会有不可估量的回报。虽然一些公司没有意识到表示感谢带来的好处，但是很受欢迎的公司和经理都明白感谢的强大力量。

人们需要看到他们的努力是受赏识的。让员工们知道他们已经做好一项工作或他们完成一个项目的额外精力是被注意到的，这会是鼓励他们继续好好工作的动力。许多公司没有财政资源去提供奖金，员工也一般不会在意所得到的感谢的成本，而是欣赏它暗含的认可。

一些难度不大且有意义的表示感谢的方法如下：

- 把午餐时间延长。

- 把小点心带到部门以庆祝个人或团体的特别努力。
- 寄一封个人感谢信。
- 给员工团体票去看特别的活动。
- 在部门或公司简报上公开感谢员工所做的贡献。
- 给员工设立荣誉日。
- 允许特殊员工早点下班以避开高峰期。

大多数员工都欣赏表达感谢的方式，不管是什么样的。感谢背后的驱动力是员工和部门都知道他们的努力被注意到了。员工们对他们的工作和自己对公司做出的贡献感到更加骄傲，对他们作为团队的一分子而感到高兴。

关键词汇

动机　需要　要求　士气　自我认识　自我评估　团队合作

复习讨论题

1. 需要与需求的区别是什么？
2. 列举一些你自己的需要与需求。你觉得哪种需要和需求最具有激励性？
3. 成人中的一些共同激励因素是什么？
4. 对个人来说，哪些激励因素是最重要的？
5. 什么因素会造成士气低落？
6. 健康饮食怎么增强人们的自我认识？
7. 可以做些什么来增强自我激励？

第 11 章　顾客服务中的领导力

学习目标 / Learning Objectives

1. 界定领导力。

2. 评估领导能力。

3. 区分正式和非正式领导。

4. 列举优秀领导者的特质。

5. 示范有效目标的设定。

6. 创建工作辅助。

7. 在工作环境中，如何展示非职位领导能力？

11.1　领导力与领导者

11.1.1　什么是领导力

领导力对服务行业非常重要。领导力（leadership）是影响他人的能力。大多数杰出的公司因卓越的领导力著称于世。卓越的领导力是企业向顾客提供优质产品或服务的必要条件。领导力不是职位赋予的，而是通过培养有效的领导技能并在实践中发展这些技能而得来的。通过个人的专注和努力，在实践中将个人的理念与组织的理念相结合，培养领导技能，从而提升领导能力。

只有核心管理人员明确致力于积极的顾客服务理念，公司才能提供出色的服务，否则多好的规则和政策都不能奏效。政策虽然会促进一致性，但不能以积极的方式影响他人，若执行不当，还可能会显得严厉和不友好。领导者应对未来有愿景，并与周围的人分享。优秀的领导者可以承担教练、顾问的角色，发挥积极的榜样作用。

管理者必须创立相互依存的环境。这样的环境可以不断地提醒员工，组织的成功不是一个人的责任，而是全体成员共同努力的结果。相互依存就意味着获得利益的同时要共同承担责任，共同发挥作用，而不是坐享其成。这种理念不是与生俱来的，它必须由组织的领导者创建和发展。如果没有相互依存的理念，任何事都可能孕育出"那不是我的工作"的心态。组织的领导者一旦允许这种心态产生并存在，凝聚力就会开始渐渐消失，并且消失得很快。

领导者要擅于授权。作为领导者，要给予员工一定的权限做决策来支持顾客。优秀的领导者会培训员工使其能做出使顾客和企业双赢的决策。员工对自己的能力有信心，不惧怕犯错，怀着热情为顾客提供专业的服务。优秀的领导者通过建立相互依存，绘制未来愿景和授权，可以在企业内创建以卓越的顾客服务为标准的文化。

顾客服务人员也可以成为顾客的领导者。他们可以通过互动，把信息、性格、价值观和热情传达给顾客。顾客也是需要领导的，就像员工需要领导一样。如果顾客能得到他人的尊重，并且能引导顾客自己通过这个进程，进入下一个必要的步骤，那么顾客就会对产品、服务、计费方式、特殊情况和特殊需求满足等感到更满意。顾客服务人员对顾客有着巨大的影响力，组织中的每个人都必须努力发展作为领导角色的技能，以便尽可能有效地发挥领导作用。

11.1.2　领导力自我评价

领导力始于我们自己的意识。我们必须首先把自己看作领导者，然后其他人才会开始看到我们的领导能力。领导者需要了解自己，必须意识到自己的优势和劣势。在明确优势和劣势后，顾客服务人员就可以克服劣势，发展优势。顾客服务人员可以通过写下优势和劣势，简单地自我评价，作为了解自己领导力的开始。

回答以下问题，评估自己的领导力水平。

- 我与他人的相处有效吗？
- 我是否践行了卓越的时间管理？
- 我的价值观是什么？
- 我的知识水平达到了吗？
- 我是否与他人分享我的知识？
- 顾客对我来说很重要吗？
- 我愿意承担风险吗？
- 我是否为自己设定了可衡量的目标？
- 我愿意为部门和公司的目标工作吗？
- 我有没有对同事与上级玩攻心战？
- 我是否允许消极的想法影响我的态度？
- 我是否主动认可他人的成就？
- 我讨人喜欢吗？
- 我愿意完成超出职责范围的任务吗？

以上问题并不足以支持顾客服务人员对其领导能力进行全面评估，但是它们是一个很好的起点。

没有人能改变他人，实际上，改变必须从内部开始。一个经理在他的办公室墙上挂着这样的格言："我对自己的成功负责，没有借口！"这句格言代表了这名经理对他的每个员工实现自我改变的负责态度。

如今，商业领域竞争激烈，越来越少的人因为人脉而获得成功。成功更常见于基于个人的实际能力和表现欲望。辩解只会阻碍发展。最重要的是，顾客不想听到服务人员的辩解，顾客自己面临的挑战已经很多，他们更想与热情、训练有素、能解决问题的服务人员互动沟通。

优秀的领导者是自信的。面对他人的批评，他们愿意对受到批评的领域进行检查，确认被批评的情况是否存在。如果确实如此，他们会吸取经验教训，做出改变，不断完善。人们总是愿意和自信的人在一起。自信的人往往会在自己身上找到认同感，而不需要从他人那里寻求认同。

11.1.3 优秀领导者的特质

优秀领导者应具有哪些特质并没有个统一的说法，虽然每个人对一名杰出的领导者所具备的特质都有自己的界定，但有些特质是大家公认很重要的。优秀的领导者应具备如下特质：

- 关心和尊重他人。
- 言行一致。
- 精通所从事的专业领域。
- 做事贯彻始终。
- 行为举止专业。
- 允许员工行使被赋予的权力。
- 给予支持。
- 表现灵活。
- 为他人腾出时间。
- 有风度。

优秀的领导乐于表扬他人的工作。被表扬过的许多销售人员和服务人员表示，表扬使他们感到自信、拥有成就感。研究表明，只有平均水平能力的员工，在经理赞扬他们的表现，并以鼓励的方式作为反馈后，他们的工作质量会有所提高。

杂志《销售力》的作者约瑟夫·克洛克提出以下赞扬员工的流程与原则：

- 抓住一切机会公开赞扬。
- 在告诉员工你不满他们做什么之前，先告诉他们你期望他们做什么。
- 经常给予反馈。

并不是每个成为领导的人都会表现出所描述的优秀领导者的特质，而这些都是成为优秀领导者要培养和完善的技能。在不同的时间，与不同的人打交道的时候，领导者发现有些特质可能比其他特质更容易表现出来。这表示人与情境具有多样性。优秀的领导者总能努力做到尽可能地高效。

11.2　正式领导和非正式领导

11.2.1　正式领导

在任何企业中，都存在着多种类型的领导者。领导者通常会被分为正式领导和非正式领导。正式领导（formal leaders）拥有企业赋予的权威和权力，被选中来领导其他团队成员。他们会接受特定的培训为日后成为领导者做更好的准备。正式领导要有高度的责任感。因为企业已经选择了他们，并赋予他们具体的责任，所以他们要对上级负责。

11.2.2　非正式领导

非正式领导（informal leaders）没有官方权力，但却具有影响他人的能力。

他们不是由管理层选出来履行领导职责的领导者，而是由和非正式领导一起的人非正式任命的领导者，通常是假定的角色。也许是其个人非正式地承担了领导的角色，也许是企业或部门中的其他人已经开始把他看作领导者。非正式领导对正式领导有利有弊，可能支持，也可能破坏企业的正式领导。不支持企业或管理者目标的非正式领导会破坏正式领导的工作，例如，他们可能会利用自己的影响力说服其他员工不合作或制造障碍；另一方面，支持正式领导的非正式领导可以作为驱动力量，激励其他员工一起工作。

正式领导和非正式领导都有助于顾客服务的成功。正式领导可以建立一种鼓励优秀顾客服务的企业文化，他们可以授权员工让其做出恰当的决策，并作为榜样来展示企业所期待的员工表现。非正式领导也可以帮助建立友好地为顾客服务的文化。除此之外，他们可以激励团队成员达到更高的专业水平，可以提高士气，可以在正式领导不方便沟通的方面与团队成员建立联系以完成工作。

大型通用公司的员工正在执行一种新理念，管理人员期望他们更贴近业务领域。有些领导者总认为自己的企业是唯一的供应商，因此顾客不得不选择与他们做生意。这种理念导致员工没有积极性，穿着随便，不情不愿地来上班，抱怨自己没有得到认可和赏识，内心认为顾客就是巨大的麻烦……随着技术的发展，新的竞争进入市场，企业的管理层不得不改变为顾客提供服务的理念。突然之间，原来散漫地完成各种业务的经理们也向员工们传达顾客服务的重要性。但员工们对改变行为并不感兴趣，他们拒绝改变，并等待退休生活的来临，无论企业的正式领导做了什么说了什么，他们似乎充耳不闻。

出于无奈，正式领导求助于员工认可的非正式领导。员工中确实有一些态度积极的员工，对新的商业竞争方式也感到激动，这些人也是对其他员工有巨大影响力的员工。企业为这些员工安排最新的顾客服务培训，鼓励他们参加当地高等学院的商业课程学习，回到工作岗位，通过他们的行动，赢得团队成员的好感，潜移默化地影响员工。虽然这种方法不能取得立竿见影的效果，但经过一段时间后，它被证明确实是有效的。员工们接受了穿着专业的服装，以专业的态度完成工作。企业管理层坚定地认为，如果没有非正式领导的影响，他们就不会看到员工的态度和行为如此迅速地发生转变。

11.2.3 教练或顾问

领导者在领导员工时既是教练又是顾问。他们必须能够培训、纠正和激励员工。此外，他们还必须帮助员工，尤其是年轻的员工应对工作上的挑战。一个人一生中最早的领导者是他的父母和老师，许多领导力的养成都源于这种早期接触。

员工需要卓越的领导。他们需要有一个能不断地给予鼓励和帮助他们成功的人。好的领导者拥有很高的期望，并且他们的员工也期望把事情做好。优秀的领导者知道员工需要被关注，他们在员工取得成功或经历困难的时候用心观察员工的努力。他们知道，有时候，员工从失败中得到的收获要比从简单的成功中获得的更多。

作为教练，领导者应认识到授权的价值。授权包括分配责任、下放权力、问责。委派任务给员工，就意味着让员工知道他们应该做什么，并且对其进行相关培训。下放权力就是赋予员工完成任务的权力，然后按期望执行。如果他们不这样做，就要按要求做出解释。问责是授权和领导力的难题之一，因为许多人觉得处理冲突很困难，其实冲突不一定是消极的，这可以带来额外获取信息的机会，并提醒员工按领导期望做事。

优秀的领导会关注员工和企业正在发生的事情。他们意识到，每当事态从进展不顺转向佳境时，领导会迅速地用称赞或其他形式来认可员工。"一份耕耘，一份收获"，如果员工受到领导的善待，通常他们也会善待领导。

作为顾问，领导是优秀的倾听者。他们允许他人分享想法，不打断对方，对新的做事方法持开放的态度，对新的想法持欢迎态度，这样可以培养创造力。当他人倾诉、分享想法时，优秀的领导者会尊重创意。教练和顾问的独特结合能使领导者帮助员工成长，实现个人的卓越发展与成功。

11.3　领导力与顾客服务过程

11.3.1　领导力与目标

领导力需要在做什么和谁去做之间找到平衡。这种平衡可以通过确定明确的目标来实现。目标（goal）是力求完成的明确的结果。目标必须记录下来，那些没有被记录下来的目标很少能实现，而且往往被遗忘。目标设定（goal setting）是建立目标并评估其重要性的过程。要有效地设定目标，就必须确定需要完成什么。可以为应对小的挑战设立目标，也可以为应对大的任务设立目标。要有效地记录目标，请遵循以下三个步骤：

首先，记录要完成的总目标。目标要尽可能地具体。

其次，确定如何实现目标。要成功实现目标，必须要实施的举措是什么。

最后，列出完成目标的日期或时间。确定最后期限，制作完成目标的时间表。

仅设定目标是不够的，还要不断地跟踪，直到目标实现。有些人发现，在卡片上记录目标并展示出来，有利于目标的实现。这样做使人可以不断地想起正在努力实现的目标是什么。目标设定也是一种激励，接近完成的目标也可以成为驱动力，激励部门或个人继续努力。

设定目标时，应以结果为导向。如果能了解预期目标，那么就能认知到目标实现将会带来什么结果。这也使行动更有可能保持在正确的轨道上，使努力富有成效。目标对于我们的工作和生活都很重要，员工应该熟悉组织制定的目标，在此基础上建立自己的个人目标。个人目标有助于自我成长、实现财务目标和职业发展。

有时候，一个人的目标也会鼓舞他人。一个专科生曾经很难把学习放在第一位，他喜欢学习，但是有许多爱好，这分散了他对学习的注意力。为了帮助自己保持正轨，取得良好的成绩，完成学业，他开始制定学期目标，并从小目标做起。第一学期，他的目标是坚持参加这个学期所有课程的学习，他成功地实现了目标，但是取得成绩不太理想。第二个学期，他的目标是坚持参加整个学期的课程，并且取得 C 或以上的成绩，他又一次实现了目标。他开始意识到自己在过去不成功的领域取得了成功。从此以后，他每个学期都设定目标。每当完成了一个目标，他就会给自己安排一次渴望已久的活动。从第一次确立目标开始，他就采用了实现目标就给自己奖励的机制。如此一来，他既完成了目标，从最初的目标中获益，还体验了热气球飞行，获得了潜水资格证书，参加了徒步登山旅行……奖励清单还在不断变化！他的奖励机制要求他也要有一个财务目标，要有足够的财务能力支付他给自己的奖励，这是一个驱动他去完成的单独目标。在一次关于目标设定的课堂讨论中，他与班上的同学分享了自己设定目标的方法，他的成就和奖励机制鼓舞了其他同学。学期期末的时候，他奖励自己体验悬挂式滑翔运动，他的几个同学也加入了他的庆祝活动，他们也完成了他们的学期目标！如今，这个学生是一个成功的房地产经纪人，他正在继续实现他的目标。

11.3.2　建立顾客服务文化

顾客服务中的领导力是通过文化体现的，而文化是由管理者创建的。文化（culture）由一定群体中共有的价值观、信念和规范组成。顾客服务环境应创建顾客服务导向的文化。如果这种文化不鼓励优秀的顾客服务，那么就不会产生优秀的顾客服务。组织领导者创建文化的一部分就是激发员工的态度。在危急关头，在事情不像预期那么顺利的时候，领导者要能激发积极的态度，此时，员工们会观望领导者，如果领导者表现出害怕正在发生的事情，认为事情已经失去控制，那么员工也会产生同样的想法。顾客服务需要积极的态度，态度是这个过程中必不可少的一部分。

如果服务文化要求尊重顾客，那么结果应该是大多数情况下，顾客都会受到尊重。这也要求担任领导的人必须遵守这种文化规则。大多时候，一个组织的领导者表现得好像自己是唯一值得尊重的人，当这种态度和行为成为组织文化的一部分时，尊重就会名不副实。

此外，面对风险时，如果领导能为员工提供一个安全的环境，那么效率和创造力都可能会提高。积极的顾客服务文化也应该表现出对员工的尊重和关爱，在解决问题的过程中提供帮助，并且尽可能地提供积极的认可与赞赏。

11.3.3　工作辅助工具的益处

为员工或同事提供培训是领导者的普遍职责之一，训练有素的员工能够为顾客提供优质的服务。可培训的现实是随着时间推移，在初次培训后，一些知识会被遗忘。任何人都不可能记住培训课上的每个细节，尤其是如果他没有机会频繁地使用这些知识的时候。

工作辅助工具可以帮助解决这个问题。工作辅助工具（job aids）是领导创建的用于强化培训的工具。工作辅助工具有多种形式，可以是贴在传真机上的简明的操作方法卡片，可以是每个顾客服务工作台上的用语清单。工作辅助工具的重要意义就是能帮助人们在第一次就以正确的方式做事。它们通常是视觉信息和书面信息的结合，并且简明扼要。美国有研究证明人们厌恶使用说明书。这使得工作辅助工具更加有必要。使用者可能从来没有学过或者读过如何操作某个程序，工作辅助工具就可以作为微型培训发挥作用。

工作辅助工具既适用于员工，也适用于顾客。任何可能被问及关于如何操作的情况都意味着需要工作辅助工具。随着科学技术在生活中越来越重要，工作辅助工具将帮助顾客积极主动地利用科技带来的机会和优势。在操作危险设备时，工作辅助工具提醒使用者谨慎操作，可以提高工作环境的安全性。

许多银行已经通过增加 24 小时服务电话来提升顾客服务水平。如果顾客知道如何操作，这些电话服务热线可以为顾客提供大量的信息。如果顾客不明白操作过程，则可能会陷入技术循环中，这反而会给顾客带来挫折感。为了帮助顾客使用这种技术，许多银行向顾客发送有电话号码信息和查询不同类型账户信息代码的卡片。这些卡片可以贴在电话旁边，也可以放在顾客的钱包里，以便随时查找使用。

工作辅助工具帮助顾客成为服务的生产者。协同合作是指外部或内部顾客参与服务过程时，自己至少提供一部分服务。工作辅助工具可以指导顾客完成一些很容易就能做到的操作。一家大型旅行社花费巨资安装了一套新的电话系统，并额外投入资金为 50 名员工提供了大量的培训，使他们能使用这套新的电话系统的所有特色功能。

培训结束一个月后进行了一次评估，以确定哪些功能使用得最多。遗憾的是，结果令人沮丧，几乎没有人使用新功能。事实上，很少有员工录下自己的语音邮件。管理层请经理们向员工了解为什么没有使用这个系统。通过对员工进行调查，发现尽管员工们对新的电话系统功能感兴趣，但他们不能记住所有的具体操作程序。员工们整天为顾客忙碌以致没有时间学习操作手册。在认识到这个问题之后，管理层安排在所有电话旁都放置工作辅助工具，用来说明主要的功能和程序，这促使新的电话系统使用率大大提高，几乎达到100%！当可以轻松地参考使用系统的操作流程时，员工就会开始使用这个系统了。

工作辅助工具有助于记住以下内容：

- 计算机指令和软件用法。
- 推荐的电话问候用语。
- 如何操作复印机、传真机、调制解调器或专用设备。
- 解决问题的步骤。
- 电话系统的使用方法。
- 安全警示。
- 如何申请保险赔偿。
- 员工或顾客被培训和鼓励去做的其他事情。

创建工作辅助工具需要一定程度的创造力。领导者必须在工作环境中寻找机会，通过增加补充这一领导工具来加强培训。

11.3.4　非职位领导力

在顾客服务中，管理层和员工有时候是对立的关系。有的本应担任领导者角色的人并没有做好领导的工作。在服务领域，经理往往派员工参加如何提供优质服务的培训，而自己却并不擅长这些服务的技能。对于员工来说，这是令人失望的。在这样的情况下，非正式领导就显得很有必要。这意味着那些受团队成员尊重的员工，被认可为非正式领导的人，能够帮助创建鼓励顾客服务的环境，一个管理者无法创建的环境。这可以称之为"非职位领导力"。

践行非职位领导力需要员工有一定程度的魄力。非正式领导或有积极性的员工可以寻找机会用非正式的方式向他人分享领导技能。任何时候，人与人之间用积极的方式交往，氛围会变得更加团结。如果员工想在工作岗位上发挥更积极的影响，就可以先从成为这样的人开始。

你可以通过做以下事情来展示你的领导力：

- 向把事情处理得很好的人表示赞赏。
- 向上司作出提高工作效率的建议。
- 微笑着和同事打招呼。
- 想别人怎么对待你，那就用同样的方式对待他人。
- 用更多的积极的方法展示领导力和激励。

11.3.5　你的老板也是你的顾客

你每天面对的最具挑战性的顾客之一可能就是你的老板。请记住，在服务外部顾客的过程中，你与内部顾客的人际关系是成功的关键。你和老板的人际关系可能会让你的职业生涯充满喜悦和成就，也可能会每天都带来令人害怕的任务。成功的顾客服务人员能积极地尝试理解和满足其他顾客的需求，为什么不将你的老板也看成你的顾客呢？

要达到并超越老板的预期，可以尝试以下方法：

• 成为团队合作专家。给老板机会，让老板成为团队的教练，带领成员实现组织或部门的目标。

• 找出老板认为重要的事情。确定老板的工作重点，就能意识到他正在努力完成的目标是什么，然后在这些特定领域提供支持。

• 做一个合作者，而不是抱怨者。没有人愿意和总在抱怨的人在一起。如果不同意项目的安排，可以提出想法；如果建议没有被采纳，坦然面对。永远不要在他人面前批评、辱骂或取笑老板，这是不良态度的反映，并且他人也会意识到这一点。解决问题比制造问题积极得多！

• 保持合理的期望。老板也只能做力所能及的事情，大多数情况下，有许多人需要领导的管理和指导，因此，在工作发生变化和分配任务时，老板需要考虑的不只你一个人。

• 每天以积极的态度投入工作，主动成为专业人员。每个人都必须对自己的表现负责。一个人要想获得职业生涯的成功，态度至关重要。另外，尽管一开始接受新技术系统的意愿受到挑战，但通常对顾客，对工作，甚至对老板的新热情也会被激发。

通过卓越的领导力，企业的管理者和员工能够更有效地服务内部和外部的顾客，并为实现提供优质服务的目标而努力。

关键词汇

领导力　正式领导　非正式领导　目标　目标设定　文化　工作辅助工具

 复习讨论题

1. 一个优秀的领导者具备哪五种品质？

2. 列举并阐述表现出非职位领导力的四件事。

3. 为什么许多因提供卓越的顾客服务而得到认可的公司，会因其卓越的领导力而闻名呢？

4. 阐述相互依存的环境有多重要。

5. 组织应该怎样认知非正式领导者？

6. 列出优秀领导者的特质。

7. 在领导阶层中，为什么那么多差劲的领导者？

8. 什么是工作辅助工具？创建一个可以帮助你的内部或外部顾客的工作辅助工具。

9. 非职位领导力是什么？

第 12 章　顾客维系与满意度评估

学习目标 / Learning Objectives

1. 界定顾客维系。

2. 说明现有顾客的价值。

3. 界定波动率。

4. 计算波动率、流失率和顾客终身价值。

5. 如何识别顾客维系是否需要改善？

6. 列举制定顾客维系计划的步骤。

7. 创建自我评估的考核清单。

12.1　顾客维系的界定

12.1.1　什么是顾客维系

顾客维系（customer retention）是指在业务往来中不断尝试令顾客满意和保持现有顾客持续积极参与。长期以来，保持现有顾客的重要性已众所周知。有趣的是，尽管管理者已经认识到这一事实，但很少有人制定维系顾客的有效方法。大多数企业关注的是寻找新顾客，而不是维护老顾客。许多企业派出销售人员进行初始销售，然后将顾客维系工作留给了顾客服务部门。而现在企业越来越认识到已经承诺与我们做生意的顾客的重要性，并创建鼓励这些顾客继续与我们合作的环境。

与顾客打交道的人大多都知道，吸引新顾客比留住老顾客的成本更高。尽管如此，大多数企业并没有专门制定具体的计划来维护企业与老顾客的关系。对许多企业来说，维护老顾客的计划是非正式的，甚至并不存在。大多数顾客服务人员和销售人员都知道要善待顾客，但要留住顾客，需要采取更为深思熟虑的方式。有一些公司在生意不景气和需要额外收入的时候，会拜访他们的顾客，可这并不是好的顾客维系。一个成熟完善的顾客维系计划，不断探索发掘新的需求环境，会创建一个持续性的顾客需求。顾客的消费体验让他们感受到自己是企业的重要顾客，因此产生继续与该企业保持业务往来的意愿。真正的顾客维系会不断地提醒顾客，自己是重要的客人，从而促使顾客对企业满意度的提高，以至于没有动力和机会去寻找其他商家合作。看到钱花得物有所值，投资得到积极的回报，顾客也会对感兴趣的企业产生更高水平的忠诚。

12.1.2　现有顾客的价值

现有顾客具有极大的价值！现有顾客知道企业如何开展业务，了解企业的政策，熟悉其产品和服务。不需要企业推销，现有顾客就会反复购买。现有顾客不会容忍企业产品和服务质量下降，但会更乐于考虑企业提供什么新产品或新服务。

企业现有的内部顾客尤为重要。企业必须努力维护与内部顾客的关系。内部顾客经常被认为是理所当然的存在。因为内部顾客是与我们一起工作的人，寻找新的内部顾客很困难，内部顾客可能无法停止与企业的业务往来，但他们或许会变得难以相处。任何能够统一内部顾客的因素都能对业务的成功产生积极的影响。

现有顾客往往对企业提供扩展服务项目有需求。如果企业能为顾客提供更多的服务项目，就更容易达成商务合作。所有的顾客都期望被重视和被感激，即使是从不抱怨的合作顾客。可遗憾的是，企业很容易忽视那些最重要的顾客。与百货公司有多年生意往来的顾客，并且已经拥有商店会员卡的顾客可能会对商店为新顾客提供首次购买特别折扣感到不满。长期消费的顾客开立账户时，可能得到也可能没有得到特别奖励，但随着时间流逝，最初提供的奖励满足感已经被遗忘，长期消费的顾客希望看到公司对其业务保持评价和关注。百货公司能做什么？折扣券、邮件优先回复、延期付款和特殊活动邀请都是积极的激励策略。在商业竞争日益激烈的今天，总有另一家公司在努力吸引我们的顾客。

顾客维系不仅仅依靠技术，技术可以在这个过程中起到辅助作用，顾客维系本质上是一种向顾客表达企业的关心和感激的通用礼节礼貌。有人曾经说过，"不要和你的顾客约会，而是与他们结婚"。这意味着什么？如果企业与顾客"结婚"，就会做出承诺，会让顾客知道企业与自己之间是不间断的、长期合作的关系。企业不仅需要展示积极品质，还希望永远不要暴露弱点，通过与顾客"结婚"，表明企业正在关心顾客当下和未来的成功与幸福。

当开始做出财务承诺，进行业务往来的时候，企业就会考虑投入资金的理由，希望得到"物有所值"的结果。如果不能获得较多收益，它们可能会选择将资金投入到其他领域。在非营利的业务领域，顾客维系尤其重要。非营利性组织往往向个人寻求捐款或时间，必须有一个适当的顾客维系计划。顾客在资金和时间上的决策越来越谨慎，如果他们认为这不是一项有价值的事业，或者从投资中得不到回报，就可能会改变决策，在其他领域或项目投资或投入时间。如果直到离开都没有得到定期的感谢或明确的认可，那么很少人会愿意回报这样的社会组织、公民组织或宗教组织。

12.1.3　波动率

大大小小的组织所建立的营销计划会持续吸引新顾客，但却常常忽略现有顾客的需求和欲望。这样做可能会失去满足和维系现有顾客带来的巨大价值。评估留住现有顾客重大价值的方法是评估某一年的波动率、流失率、顾客终身价值。波动率（churn rate）是一年中离开企业的顾客数量除以同一时期的新增顾客的数量。

$$波动率 = 流失顾客数量 ÷ 新增顾客数量$$

如果 210 个顾客不再使用某项服务，350 个顾客第一次购买这项服务，那么波动率为 60%。

流失率（defection rate）是指一年内流失的顾客比率。

$$流失率 = 流失的顾客数量 ÷ 全部顾客数量$$

如果我们原来有 1000 个顾客，到年底少了 350 个顾客，那流失率就是 35%。

顾客终身价值（customer lifetime value）是顾客在平均顾客生命周期内产生的利润净现值。

$$顾客终身价值 = 顾客年利润 × 顾客年限$$

如果平均每个顾客每年产生 3000 美元的利润，顾客平均年限是 8.6 年，那么顾客终身价值的净利润现值就是 25800 美元。企业一旦意识到失去一个顾客的损失有多大，就会决定在顾客维系上进行投入。从确定顾客波动率、顾客流失率和顾客终身价值的方法中很容易看出，即使是小幅地降低顾客流失率，也可以带来利润上的积极结果。

12.2　顾客维系计划

12.2.1　如何判断是否需要改进顾客维系计划

如果对以下问题无法回答，那么该企业就需要发展顾客维系计划了。

- 有评估顾客满意度吗？
- 顾客满意度的优先级别是几级？
- 是否有衡量质量的标准，是否向管理层和员工说明衡量标准和衡量结果？
- 是否对顾客服务人员进行培训和再培训？
- 员工流失率是多少？
- 为留住现有顾客投入了多少？
- 获得新顾客的成本是多少？
- 顾客流失率是多少？
- 为获得回头客开展了哪些工作？
- 是否兑现了对顾客的承诺？

12.2.2　开发顾客维系计划

在开发顾客维系计划时，重要的是创建的计划可管理且支持组织目标的实现。顾客维系的一些基本方法有电话回访、面对面拜访、特殊活动、姓名识别、传真提醒、发放优惠券、提供时事通讯，或顾客期望的其他额外服务。

顾客维护需要主动性。这就意味着顾客服务人员必须主动关注顾客的需求，并做好提供新服务的准备；也意味着服务人员必须与顾客建立和维护良好的人际关系，并使顾客认识到彼此不仅仅只是业务伙伴的关系。

某企业通过开展"欢乐星期五"活动开始实施顾客维系计划。每个月有一个星期五被指定为"欢乐星期五"，在这天，从总经理到收发室职员，企业的每一位员工都会停下手头的工作，给指定的顾客打电话，通话时间10分钟，目标是一年至少一次通过电话联系所有的顾客。与顾客对话是了解顾客近况的机会，询问他们是否有任何特别的需求，并让他们知道企业对与他们开展合作感到不胜感激。为了增加"欢乐星期五"的热烈氛围，员工们可以穿着休闲，早上可以吃到甜甜圈，还可以参加奖励活动。"欢乐星期五"活动的另一个好处是使以前没机会和顾客互动的员工开始意识到他们也和顾客保持着联系。通过全员参与，让大家意识到并不是一个人或一个部门对顾客负有全部责任。

在开发顾客维系计划时，请记住以下几点：

● 弄清顾客是谁，他们有什么特别的需求。了解顾客，就可以创建更有效的顾客维系计划，用更有吸引力的方式满足他们和他们的业务需求。

● 明确计划要实现的具体目标。确定通过开发顾客维系计划要实现的目标，而且目标要明确、具体，如增加销售、改善沟通、提高顾客忠诚度等。

● 开发可控的顾客维系计划。顾客维系计划应该是可控的。它们可能需要从小做起，慢慢扩大，随着一次次成功，逐渐成为业务的一部分。

● 创建引发顾客兴趣的文化环境。管理人员应该为员工提供一个可接受的、适当地鼓励顾客继续和企业开展业务的环境，管理层也应该提供符合管理理念的管理者行为标准。

● 明确评估的时间表。开发顾客维系计划时，应该制定一个实施评价的分阶段计划，在评估的时候，可以做出改进和识别是否成功。

12.3 顾客满意度评估

12.3.1 什么是满意度评估

在努力为顾客提供优质服务的时候，企业必须定期调查顾客的满意度。顾客满意度是顾客与企业在互动过程中产生的整体满足感。在试图衡量顾客满意度时，必须考虑其期望值和感知水平。为了了解顾客满意度，企业必须经常向许多顾客询问问题。通过问问题以确定满意度的最常见的方法就是问卷调查。在创建顾客满意度评估表时，设计能提供有效信息的问题尤为重要。

在创建衡量顾客满意度的调查表时，思考以下问题：

● 谁是顾客？

● 顾客在哪里？

- 顾客怎样开始和企业开展业务？
- 如果有多个地点的话，顾客会选择哪个和企业进行业务往来？
- 顾客什么时候开始开展业务？
- 顾客喜欢这次体验的什么方面？
- 企业怎样才能做得更好？

　　为了有效地衡量顾客满意度，企业必须从顾客的视角思考与对待问题。调查表应符合主题，并且很快就能完成。如果必须以邮递的方式返回，那应注明"邮资已付"。大部分顾客不会出邮资来回复顾客调查意见，除非对企业的表现非常不满。

　　某折扣商店进行了一项调查，以确定顾客喜欢或不喜欢这家商店的哪些地方。调查的问题涉及室内照明、商品的易得性、价格以及其他有助于为顾客提供更好服务的问题。调查表上没有询问任何关于停车场或顾客对如何安全进入商店的感受。一位接受调查的顾客非常积极地回答了关于商店内部的所有问题，当因为参与调查而被感谢时，这位顾客提出有没有关于停车场的问题要询问。问卷调查人员回应目前停车场对商店来说并不重要。对这位顾客来说，这不是恰当的回复！这位顾客表示，尽管对店里的一切都很满意，但是天黑后，因为停车场的光线不足，她对是否来商店感到犹豫；另一种顾虑是缺少可辨认的残疾人停车位以及停车位的分隔线，在汽车周围还会有许多散乱的购物车，可能会损伤汽车。这些体验显示，企业最初的调查并没有准确地了解到顾客在与公司业务往来中的感受。尽管店内的商品满足了顾客的期望，但是由于停车的顾虑，顾客可能不会再进入店内消费。

12.3.2　信息来源

　　获取顾客满意度的信息来源有很多，可能的来源如下：

- 非正式调查。非正式调查可以洞察顾客的喜好，虽然无法在统计上实现量化，但它们可以帮助企业更好地了解顾客。
- 意见表。意见表是调查顾客满意度最常用的方法之一。意见表易创建，而且通常可以从公司总部直接获得。虽然意见表并不提供详细的信息，但是可以提供即时的反馈。在顾客体验的同时就可以完成。
- 口头意见。口头意见很容易收集，但往往被忽视。通过询问顾客的经历和感受可以获取信息。为了从口头意见中准确地收集信息，必须鼓励员工将意见记录在顾客档案中，以免遗漏。
- 历史数据。随着计算机在大多数工作场所的使用，收集历史数据也容易起来。企业可以通过电脑上一个按钮获得顾客已经产生的购买数量、购买频率和其他相关的数据。如果数据没有输入错误，那么这些历史数据可能是了解顾客的非常准确的信息。虽然历史数据不涉及情绪或观点，但它们却是与实际情况有关的真实信息。

- 销售量。就像历史数据一样，销售量不会显示情绪，但它确实显示了顾客的近况。如果顾客增加或减少订单，销售量数据中都会有所显示。销售量是一个很好的反映当前顾客满意度的指标，但是应该结合其他信息来源一起使用。

- 企业开发的调查表。许多企业会开发发送给顾客的调查表，这种调查通常比非正式调查更详细，而且反映的数据通常在统计上是可量化的。调查中可能会询问关于产品和接受到的服务的问题，可以收集到大量的信息，但是回收率可能较低，这取决于被调查的顾客。

- 与内部顾客的讨论。内部顾客通常拥有顾客喜好和兴趣的相关信息。如果内部顾客从来不被问及顾客告诉了他们什么，那内部顾客可能永远没有机会分享这些有价值的信息。内部顾客通常知道什么对顾客不合适，以及系统存在什么问题。

- 焦点小组。焦点小组是随机召集聚在一起，讨论企业当前或未来产品的一组顾客或潜在顾客。焦点小组有时候很难协调，但是可以使用创造性的方法来理解客人。向焦点小组提出问题，并将回答记录下来，有助于今后的发展。

- 免费电话。通过提供免费电话，方便顾客联系到企业或部门，以鼓励顾客在遇到问题时联系企业。免费电话应该由专业人士迅速接听，他们在回答顾客问题和回应顾客关注方面受过良好培训。有的顾客可能会打电话来分享他们的经历和感受，而不会花时间以书面形式来表达意见。企业应该记录下顾客的意见，作为顾客信息的来源之一。

- 顾客情报。顾客情报（Customer intelligence information）是动态收集信息的过程，建立历史数据库后可以深入了解现实顾客、潜在顾客和流失顾客。使用顾客情报，可以使企业在已有信息的基础上增加新的资讯，从而全面了解独特的顾客关系。当收集的信息足够多的时候，就可以更快速、更经济地发现问题和解决问题。

12.4　满意度评估的组织

评估顾客对企业或部门的服务满意度有几个好处。通过评估，可以发现不足，以便于进行纠正；还可以识别顾客的新需求，从而创建和实施新的服务项目以满足需求。如果不询问顾客或请其回答，顾客很可能不会分享他的想法和面临的问题，这会导致企业忽略顾客的新需求。据《哈佛商业评论》称，顾客保留率每提高5%，利润就会增加约25%～125%。

评估还有一个奇妙之处，即企业可以发现目前做得好的方面。顾客往往对企业提供的产品和服务非常满意，但是，产品和服务发生改变或升级也可能会引起不满意，如果为顾客提供表达满意的机会，可能会减少不满意。

12.4.1　测量满意度的技巧

在实际测量满意度时，设计好问题很重要。这些问题应该针对各种各样的顾客提出，以便使结果能反映广泛范围的顾客感受。如果存在无法纠正的问题，无论顾客的反应是什么，都不应呈现给顾客。

向顾客解释为什么问这些问题。在顾客回答之前，先表达对顾客的感激之情。感谢顾客花费宝贵的时间提供反馈。并说明通过许多顾客的反馈，企业可以努力改进，继续提供满足顾客需求的服务。

12.4.2　评估的有效性

使用调查问卷和意见表是衡量顾客满意度最常用的方法，但是它们不一定总能反映出顾客满意度的真实情况。通常，大部分主动回复调查问卷和意见表的顾客是对体验不满意的顾客或者希望从评论中获得利益的顾客。满意的顾客可能不会花时间去表达满意，因此，整体的满意度调查结果中可能不包括全部满意顾客的意见。

另一个问题是所使用的方法可能使调查问卷和意见表成为不可靠的信息来源。收集回来的信息可能很乐观，但实际可能是因为顾客不愿意做出负面的答复。另一种情况是，如果一个公司的基层员工知道顾客互动领域需要改进，但是高层管理人员没有意识到，或者高层管理人员没有得到这些信息，那么调查中可能永远不会出现此类问题。此外，提问时要使用不会泄露个人信息的方式来提问。

调查中也可能没有提出足够的问题来获取有效的信息。曾经有个调查，目的是确定顾客对下班后可使用的一项新服务的兴趣。调查中询问顾客是否愿意了解这项新服务，调查结果显示，绝大多数都是积极的反馈，于是该公司就添加了这项服务。可遗憾的是，这项服务顾客并没有多少。令该公司感到困惑的是，调查结果已充分显示人们对这项服务的需求，然而使用这项服务的顾客却如此之少。该公司对同样的顾客进行了第二次调查，与首次调查相比，唯一增加的问题是"您会积极参与使用这项服务吗？"结果，几乎没有一个顾客的回答是肯定的，经过进一步分析发现，虽然顾客认为这项服务听起来是个不错的主意，但是大多数人并不认为他们实际上能使用它。遗漏一个问题可能会严重地影响调查的有效性。

12.4.3　自我评估的方法

有时候评估顾客满意度最有效的方法是评估自己的表现。如果审查被问及最多的公司区域和部门，不必找顾客，也能发现自己的优势和劣势。要评估自己的表现，可以问以下问题：

- 顾客是否知道我是来帮助他们解决任何可能出现的问题的？
- 我是否很熟悉公司提供给顾客的系统信息？
- 我是否向顾客表现出了热情和兴趣？
- 我可以提升哪些技能来更好地为顾客服务？
- 我是否得到了如何识别顾客，叫出顾客名字，并致力于发展与顾客的关系的训练？
- 为向顾客提供优质服务，我还可以做些什么来帮助顾客和协助部门？

通过评估顾客的满意度，企业与顾客的关系更加紧密。首先，企业会考虑顾客的满意度、期望值和感知度；其次，通过满意度调查，企业创造了一个鼓励分享意见和关注点的环境，向顾客传达了企业有兴趣知道他们的想法并且想要积极努力地满足他们的信息；最后，从顾客那里寻求反馈这件事本身就会对留住顾客产生积极效果。

关键词汇

顾客维系　波动率　流失率　顾客终身价值　顾客情报

复习讨论题

1. 列举五个可以洞察企业顾客服务质量的信息来源。

2. 定义顾客维系。

3. 为留住现有顾客，你和你的公司可以做什么？

4. 为什么维系现有顾客如此重要？

5. 如何评估波动率？为什么这是必须了解的重要数据？

6. 开发顾客维系计划时需要考虑哪些指导方针？

7. 顾客的口头意见最容易得到，但为什么不能作为顾客满意度最准确的衡量标准？

8. 哪些问题可以帮助组织评估自己的表现？

第 13 章　科技与顾客服务管理

学习目标 / Learning Objectives

1. 明确 21 世纪的顾客需求和购买方式。

2. 识别顾客对服务商的期望。

3. 阐述顾客正在寻找使用的先进技术。

4. 阐述呼叫中心及呼叫中心管理的新趋势。

5. 阐述电话销售。

6. 列举顾客在互联网开展业务的新方式。

7. 寻找传统服务与使用科技方式提供服务的平衡。

13.1　技术的变化与顾客

当今时代，技术充满了发展与变化。似乎只有在遥远的将来才有可能出现的机遇就在眼前，突然出现的新事物有社交网站、短信交流、博客、会员/奖励计划、电子邮件等，而且还在不断地增加。顾客对使用新工具充满热情，甚至有时超出了商家的业务能力。除此之外，顾客可能会期望新服务而商家能提供的却还没有完全准备好，这导致要么超前提供服务，要么无法提供服务，而后者会被认为落后于竞争对手。越来越多的顾客尝试首先通过搜索引擎获取关于产品的信息或如何使用该商品的指引。

13.1.1　社交媒体的兴起

社交媒体（social media）是消费者用来分享思想、信息、观点和个人信息的电子通信工具。如今，商家正在以社交媒体的形式提供顾客服务。社交媒体正在推动商家重新评估和重新定义顾客服务。有的企业开始使用成本更低，更经济的社交媒体代替传统广告，拥有一个脸书或推特的账户几乎没有成本。但实际上只是最初没有成本，随着顾客使用的增加和对更专业的界面、更快速的反应的期待，企业会增加功能，增加产品和服务，这便会导致成本的增加。更多地使用新媒体与顾客沟通，可能是经济低迷的反映，也可能是技术的根本性转变。无论企业出于什么原因选择使用这种方式与顾客沟通，社交媒体成为不断变化的顾客服务工具之一已成为不争的事实。

一方面，社交媒体为企业增加了协作解决问题的机会；另一方面，顾客不再只能私下抱怨，这使顾客在寻求解决方案时获得了更大的权力。而被忽视的顾客可能会给企业带来负面的影响。例如，鼓励用户关注某个脸书主页，但该主页从未发布过任何新帖子或更新状态，与根本没有注意到该主页相比，可能会造成更大的伤害，顾客可能会怀疑，自己是不是被遗忘了。在使用社交媒体与顾客互动时，记住以下几点是有益的：

- 感谢顾客推荐，祝贺顾客成功加入或获得新的机会以及合作。
- 分享信息，但不是大量的推销。
- 利用更新状态来提醒顾客即将到来的最后期限、节事活动和优惠机会。
- 链接其他资源，无论是否为企业提供，特别是 YouTube 视频、提到企业或产品的文字、重要链接等。
- 针对目标市场分享热门话题，如书籍、产品、话题、新信息以及和业务相关的有趣新闻等。

某连锁披萨餐厅，拥有庞大的成功的外卖系统，建设了官方网站，用来处理订单、顾客评论和投诉，这样做是为了满足老顾客的需求。企业管理人员怀疑该网站是否有必要，是否有利可图，是否能提升已经成功的外卖业务；而顾客喜欢在繁忙的生活中登录网站完成一笔交易的新奇感，用户量每天都在增加，网站的效益也在提高。越来越多的企业面临着选择——要么推出一种优化现有技术的服务，要么拒绝引入这种服务，与时代脱节。随着时间的推移，企业从最初仅有业务介绍，发展到如今增加了在线订单，通过电子邮件发送优惠券的程序，甚至开通博客，鼓励顾客分享食用披萨的美好经历。

如今，顾客对使用新技术来提高生活品质充满兴趣。企业面临的挑战是识别目标顾客希望利用哪些科技要素以及如何使用简单流行的方式提供产品和服务。企业必须确定哪些技术能带来预期效果，此外，还需要分析需要多少人力来使技术保持与时俱进。

13.1.2　21 世纪的顾客

21 世纪的顾客已经精通搜索和购买产品及服务的方式，期望服务供应商提供的服务具有以下特点：

- 时效性：为满足顾客的日程安排设计服务。
- 易接近性：当顾客需要沟通时，就能联系到服务提供商。
- 可靠性：顾客更期望有关服务的问题能得到快速而准确地回应。

顾客希望获得友好的、有效的无障碍消费体验，希望在真正需要服务的时候得到有效的回应，并且被高度重视。如今和未来顾客的生活节奏都会很快，他们不太可能安装家用软件，也不太可能需要在周一至周五朝九晚五的时间里询问割草机的维修问题，而是希望获得及时准确的服务，希望与其业务合作的组织可靠，能承担更多的责任。顾客不满足于通过调查发现其喜好，还希望有机会提供自己的建议。

一种新的市场营销策略正在一些大都市推出，一种策略承诺"一站式"汽车购买和技术服务，被称为"新千禧年代的汽车消费"。近来，一位顾客打电话预约机油更换服务，却被告知不要在中午开车过来，因为那是换油工程师的午餐时间。当顾客表示需要在午餐时间处理这件事时，却被告知或许他可以晚点吃午餐！顾客随后表示，他可以把车开到街尾的修理店更换机油，那里的工程师不会因为午餐时间拒绝他，而且价格更便宜，还会把车内外清洗干净后送回来。顾客确实预约了换油服务，并挂了电话，但考虑片刻后，还是决定把车开到另一家公司更换机油。当顾客出于礼貌，打电话取消预约时，电话里正在转接的语音信息讲述着公司如何为顾客服务，这条信息重复了几次后，顾客挂掉了电话，因为得不到公司真正的接洽而感到沮丧和愤怒。这是一个典型的提供服务但显然不知道顾客真实需求的例子。顾客无法忍受这种待遇，便把业务转到他处。随后，企业觉察到顾客在流失，却往往把责任归咎于经济状况或声称对手太多而顾客有限。顾客期望得到更好的服务，不能接受自己不断变化的需求无法得到满足的服务。

13.1.3　拥抱新技术

科技正以惊人的速度在发展，顾客渴望尝试新的技术，并希望能在一定程度上获益。顾客对新技术更敏感的一个原因可能是，在许多情况下，学习和使用系统变得越来越容易。这个趋势的积极意义在于提高了卓越服务的标准，而且在大多数情况下，促进了业务的开展。发展最快速、最先进的技术是顾客服务呼叫中心和线上顾客服务，包括在线账单支付、在线消费教程、在线协作或培训、技术支持和电子邮件等。智能手机具备便携获取信息的能力，其普及和发展，更提供了随时在线的顾客服务。

当新技术被引入工作领域，人们往往以复杂的情绪来面对它——有热情也有恐惧。因为新技术意味着需要学习新事物，打破旧习惯。为使他人以开放的心态迎接新科技带来的机遇，请采取以下步骤：

1. 让员工做好准备，以便一开始就能进入状态。
2. 对主管和团队领导者进行培训，让他们也参与其中。
3. 培养一批"变革冠军"，使之成为新技术的倡导者。
4. 推广组织的愿景，表达热情，并分享愿景，那工作将变得非常简单容易。
5. 称赞新技术的成功运用。
6. 减小抱怨的影响。
7. 庆祝小的阶段性成果：庆祝应用新技术过程中的小的里程碑，让所有人都积极参与其中。
8. 避免"货架综合征"：避免在放弃的诱惑下，把新技术搁置，从不使用。

13.2　顾客服务的呼叫中心

顾客服务中最引人注目的发展之一就是顾客服务呼叫中心提供的服务。呼叫中心在提供顾客服务方面具有独特的优势。它们可以设立在任何有足够员工的地方，而且一个呼叫中心站点可以处理许多不同公司的电话。由于与呼叫中心通话越来越方便，顾客正逐渐接受不是一对一的服务。与面对面的接触相比，呼叫中心降低了服务成本。

目前的趋势是把呼叫中心设在国外，那里有渴望工作，而且已经习惯于比普通美国工人更低薪酬的劳动力。企业仍在权衡施行这种业务的利与弊，基于成本来看，它似乎非常有益，但是很多情况下顾客满意度会受到影响，现在企业必须对成本收益与损失潜在顾客之间进行权衡。位于国外的呼叫中心开展了大量的培训，内容丰富，为员工与美国顾客进行交流做好准备。这些员工甚至会有听起来像美国人的名字和个人介绍，以便于更容易与美国顾客互动。当所有中心成功使用这种方法的时候，顾客并不知道与他们互动，为他们提供服务的人员并不在附近。

呼叫中心包括电话销售，以前称为电话推销，电话销售（teleselling）是通过电话销售产品、服务或信息。它有两种类型，呼入电话（inbound calls）是由顾客发起的呼叫电话，可能包括目录订购、账单问题、技术支持、产品使用或其他信息。在许多情况下，呼入电话正被在线订购所取代，这可能会减少需要在电话中应答的顾客服务人员的数量。呼出电话（outbound calls）是从呼叫中心向顾客发出的电话，通常用于销售产品或服务、进行市场调查研究，或回应顾客咨询。许多呼叫中心同时处理呼入和呼出电话。

大多数顾客服务呼叫中心都有复杂成熟的电话系统，包括特殊的呼叫路由或自动呼叫分配，自动呼叫分配（automatic call distribution）按顺序将来电自动地分配给下一个服务人员。它们可以链接到网络浏览器的"与我联系"（"call me" Web browser）功能，该功能可以把访问公司网站的顾客转接到呼叫中心代理处，然后呼叫中心客服打电话给顾客以回应顾客的要求。

自动号码识别（automatic number identification）可使客服识别呼入号码和呼叫人员，附加的背景或历史信息可能会显示在客服的电脑屏幕上，使他或她为顾客提供更好的服务。

呼叫中心的工作场所是一个快节奏的环境，这里专注于为顾客提供尽可能快捷和专业的服务。呼叫中心的工作并不是每个人都适合，优秀的应聘者要有卓越的电话应对技巧，强大的处理压力的情商，良好的计算机操作技能或学习新的计算机系统的技能，能坚持在工作台的电脑面前工作，热情、积极、主动、专业地解决问题的能力，以及透过对话了解来电意图的能力。由于电话应对技巧的重要性，许多面试官都会通过电话面试来确定其电话技巧。

13.3 线上顾客服务

互联网的发展已经超出了大多数专家的预测，它在顾客服务中扮演着重要角色，许多顾客服务都可通过互联网来提供，因此企业必须确定网站是否会提升服务水平。网站上可以提供产品和企业介绍、新产品信息、订购选项、常见问题答疑、使用手册、配件重新订购和技术更新等项目，服务清单还可以不断增加。由于顾客对公司网站的期望值越来越高，许多公司不得不创建官方网站，而有的企业引入网站成本高，技术又不成熟，与不创建网站相比，设计糟糕的网站存在更大的问题。

顾客正在使用的一些基于网络的附加服务如下：

* 在线支付（online bill paying）。许多公司和银行正在为顾客提供在线收付账单的服务。这虽然需要完成一些初始设置，但设置后可以为顾客大大加快支付账单的繁琐过程。对于供应商，可以节约纸张、印刷和邮递的费用；对于顾客，减少了支付账单的时间，节省了填写支票的流程和邮递的费用。这也意味着按时支付账单的可能性更大。在线支付账单服务的一个非常积极的影响就是可以提高顾客满意度。如果不提供在线账单支付服务选择，该公司可能被顾客认为是落伍的，技术不先进的。

* 产品与服务的购与销。网上购物达到了历史新高。在网上购物的早期，顾客们感到忧虑，比如邮费太昂贵，已经下单的商品缺货或需要延期交付，顾客惧怕在互联网上透露信用卡信息等。如今，顾客对这些问题的看法大多已经改变，顾客很乐意在网上搜索最好的价格和款式，节省了去当地购物中心购物的时间。大多数零售商依赖于线上部门创造的销售量，像 eBay 这样的公司已经能够让顾客在线上使用自己的方式来购买和销售产品和服务。通过设立专门的支付账户或者使用虚拟信用卡，在很大程度上缓解了顾客信用卡信息被他人窃取的忧虑。对于任何使用互联网的人来说，诈骗仍然是一个大顾虑。顾客在使用互联网时应该始终保持警惕，在没有确保网站安全的情况下，不要泄露个人信息。

* 在线教程。企业可以使用在线教程提供延伸的培训项目、操作指南和任何其他需要的指导。顾客可以在任何时间访问在线教程，并且许多情况下可以重复阅读，直到熟悉这些信息为止。常见问题的答案也可以编辑于在线教程中。

* 在线研讨会（webinars）。在线协作或培训。企业正在采用这种新的培训和信息共享方式。通过使用互联网，可以为特定的顾客群体提供专门的培训。如此一来，培训项目可以在参与者不用出差的情况下进行，既为组织节约费用，又能提升技能。

* 技术支持。技术快速发展的市场面临的严酷现实就是需要技术支持。技术支持可以结合上述方法提供。所有类型的企业都可以通过互联网为顾客提供学习如何使用产品的更多机会，或者通过互联网在线答疑回复。

* 电子邮件。呼叫中心可以为顾客提供大量的信息和支持，网站可以补充呼叫中心的业务。由于现在许多消费者可以上网并且积极地使用互联网，在拨打 1－800 的电话之前，他们尝试通过网络搜索来获取信息或从公司获得支持，通过互联网上提供的信息，在网站上找到答案，可能会缩短顾客的等待时间。在这方面，电话呼叫中心和互联网可以互相补充。

大多数互联网网站都有提供为顾客服务的电子邮件链接，虽然这的确给了顾客询问个性化问题的机会，但它也可能为服务失败提供了机会。通过电子邮件交流的顾客正在积极地寻找他们所遇到的具体问题的回应。网站上的回答很大程度上针对的是非个人情况和比较通用的状况。电子邮件里的问题不是如此。一些研究表明，顾客期望电子邮件比语音信箱的响应速度更快。一些公司发现，它们需要回复的电子邮件数量远远超出了员工的工作量负荷。此外，如果顾客进行了搜索，并且发现公司可能是他或她正在寻找的产品或服务的供应商，那么几乎可以肯定，他或她正在寻找提供相似的产品或服务的其他类似公司。

一个寻找线上股票交易服务供应商的顾客通过搜索来确定提供这项服务的公司，并找到了几家符合要求的公司，其中两家似乎拥有这位顾客所寻求的各种服务，然后，他把同样的问题通过电子邮件发给了这两家公司，一家在三个小时内做出了回应，并为这么长时间才答复表示道歉。另一家公司大约四天时间才回复，也没有解释为什么这么久才回复，对问题的回复也含糊不清。你认为未来的投资者最终会和谁做生意？

面对新的机遇，公司需要提供新兴的顾客服务。随着 21 世纪的来临，顾客对公司的期待更多，顾客的忠诚度将成为服务供应商成败的关键因素之一。通过Facebook 或电子邮件等形式更新沟通互动的方式，可以促进这一目标的达成。尽可能多地在顾客面前展示企业的名称，可能会增加顾客的忠诚度。由于市场上各公司提供的服务数量众多，服务种类繁多，顾客会接触到不同的服务方式，每一次服务交互都是更好地了解顾客和发展顾客关系的机会，如果处理得当，顾客会对公司保持忠诚，会认为公司是唯一的选择，并且会继续支持公司，发展更多的业务往来。

关键词汇

社交媒体　电话销售　呼入电话　呼出电话　自动呼叫分配

网络浏览器"与我联系"　自动号码识别　在线支付　在线研讨会

复习讨论题

1. 描述一些顾客服务产品正在改变的方式。

2. 21 世纪时代，顾客对服务供应商有哪三个方面的期待？

3. 回顾使他人以开放的心态迎接新技术的步骤，并讨论自己对新技术引入的反应。

4. 解释呼入电话和呼出电话之间的区别。

5. 举例说明企业在网站上增补顾客服务而获得利益的业务。

6. 对于增加顾客忠诚度，最重要的因素有哪些？

图书在版编目（CIP）数据

顾客服务管理 /（美）伊莱恩·哈里斯（Elaine K. Harris）著；
曲波等译 . — 广州：广东旅游出版社，2020.6
　　ISBN 978-7-5570-2169-6

　　Ⅰ . ①顾… Ⅱ . ①伊… ②曲… Ⅲ . ①商业服务—经
济管理 Ⅳ . ① F719

中国版本图书馆 CIP 数据核字（2020）第 036490 号

出 版 人：刘志松
策划编辑：官　顺
责任编辑：官　顺　　林保翠
封面设计：王燕梅
责任校对：李瑞苑
责任技编：冼志良

顾客服务管理
GUKE FUWU GUANLI

广东旅游出版社出版发行
（广州市越秀区环市东路 338 号银政大厦西楼 12 楼 ）
邮编：510030
电话：020-87348243
印刷：深圳市希望印务有限公司
　　　（深圳市坂田吉华路 505 号大丹工业园二楼）
开本：787 毫米 ×1092 毫米　16 开
字数：206 千字
印张：10.5
版次：2020 年 6 月第 1 版第 1 次印刷
定价：39.80 元